白话论语

全注·全译

国学

陈枫 文晖◎注译

陕西新华出版传媒集团·三秦出版社

图书在版编目（CIP）数据

白话论语／陈枫，文晖注译．—2版．—西安：三秦出版社，2003.07（2022.5重印）

（传统文化经典读本）

ISBN 978-7-80546-070-3

Ⅰ．白… Ⅱ．①陈… ②文… Ⅲ．①儒家 ②论语－注释 ③论语－译文 Ⅳ．B222.2

中国版本图书馆CIP数据核字（2003）第042801号

传统文化经典读本

白 话 论 语

陈 枫 文 晖 注译

出版发行	陕西新华出版传媒集团 三秦出版社
社　　址	西安市雁塔区曲江新区登高路1388号
电　　话	（029）81205236
邮政编码	710061
印　　刷	北京华强印刷有限公司
开　　本	710mm×1000mm 1/16
印　　张	16.5
字　　数	161千字
版　　次	2003年7月第2版
	2022年5月第2次印刷
标准书号	ISBN 978-7-80546-070-3
定　　价	48.00元

孔 子 像

总　序

中国是举世闻名的文明古国，其光辉灿烂的传统文化，已成为整个人类共同的精神财富。随着时代的进步，随着探索自然、认知社会的触角不断深入，人们比以往任何时候都迫切需要发掘传统文化宝藏，汲取更多的智慧和精神力量，来进行自我完善、自我提高，从而获取成功。于是许多人都不约而同地把目光投向那些历尽风雨淘洗的传世经典，吟之诵之，含英咀华。他们意识到，不了解唐诗宋词，没读过孔孟老庄，其麻烦不仅仅是难以达到辩才无碍的境地或获得博学多识的美誉，而且会在工作、学习及社会生活的许多方面遭遇尴尬。反之，熟知经典，以古为镜，以古为师，必定会在全新意义上的修身、齐家、治国平天下方面收到奇效。这方面例子很多，如国内某名牌高校从《易经》中提取“厚德载物”做为校训，培养了无数英才；日本企业家运用《孙子兵法》和《菜根谭》进行经营管理，屡创经济奇迹；某自然科学家要求弟子背诵《道德经》，作为攻克难关前的心理演练；某诺贝尔奖得主坦言，其所以能够历经磨难取得突破，全得益于《孟子》中的一句名言。近年来我国中小学实验教材不断加大古诗文比重以及高考试题频频“考古”，也是为了促进素质教育，培养一代新人。

传统文化经典很多，就存在一个轻重缓急和选择的问题，我们不赞成搞什么“百种必读”或“50种必读”，武断地制造一个封闭系统。我们认为中国传统文化经典宝库应当是开放的，其中异彩纷呈，玉蕴珠藏。所以我们推出这套《传统文化经典读本》丛书，第一批20种，只能说是向广大读者奉献的最基本的、应当最先了解的经典作品，包括《易经》、《论语》、《孟子》、《道德经》、《庄子》、《孙子兵法》、《幼学琼林》、《唐诗三百首》、《宋词三百首》、《元曲三百首》等。我们还将根据情况陆续推出第二辑、第三辑。值得说明的是，我社自上个世纪80年代就开始致力于传统文化经典的整理普及，是最早出版白话类经典读本的出版社之一。此次推出的这批图书都是精选版本、精选作者，付出了艰苦努力完成的，内在质量上乘，曾作为我社品牌图书，经受了市场的检验，受到读者的广泛好评。为适应新的形势，更好满足读者的需求，我们对其进行了重新改造整合，使之在版式、装帧等方面更趋考究精美。同时也希望读者多提批评意见，以便进一步改进。

魏全瑞

2003年7月

目　录

学而第一①

【原文】

（一）子曰②："学而时习之③，不亦说乎④？有朋自远方来⑤，不亦乐乎？人不知而不愠⑥，不亦君子乎⑦？"

【注释】

①学而：篇名。《论语》本来没有篇名，后人摘取每篇第一章开头两个或三个字做篇名（"子曰"常用在开头，所以除外）。②子：古时男子的尊称。《论语》中"子曰"的子指孔子。③时：按时。习：温习。也可解释为实习、演习。习，本义是鸟多次练习飞翔，引申有了复习、温习的意思。之：指代学习的内容。④：不亦说乎：不也很高兴吗？不亦……乎，文言文中的反问句式，以反问的句式表示肯定的意思。说，通"悦"，高兴，愉快。⑤朋：指同学。上古"朋"和"友"有区别，"同门为朋，同志为友"。同门，即同出一个老师门下。⑥人：别人。知：了解。愠（yùn）：怨恨。⑦君子：古时指道德修养高的人。

【译文】

孔子说："学习，学习，再学习，不是很快乐吗？有同学从四面八方聚到一起来，不也是很快乐吗？别人不认可，自己无怨也无悔，不就是一个很好的正派人吗？"

【原文】

（二）有子曰①："其为人也孝弟②，而好犯上者③，鲜矣④；不好犯上，而好作乱者，未之有也⑤。君子务本⑥，本立而道生⑦。孝弟也者，其为仁之本与⑧！"

【注释】

①有子：姓有，名若。孔子的学生。②其：他。为人：为人处事。也：句中语气词。孝：尊顺父母。弟（tì）：同“悌”。敬爱兄长。③好：喜欢。犯：冒犯，抵触。上：指地位高的人，如君王、官长等。④鲜（xiǎn）：少。⑤未之有：即“未有之”。古代语法规律，在否定句中代词作宾语前置。⑥务：追求，专心致力于某件事。本：根本。本，本义是树根，引申有根本、基础的意思。⑦本立而道生：基础树立了，治国做人的原则就会形成。道，指一种普遍的社会道德规范。⑧其为仁之本与：大概就是仁的根本吧。其，大概，想必。表示推测。仁，仁爱，爱人，是孔子提倡的最高道德。与，通“欤”，语气词。

【译文】

有子说：“一个人孝敬父母，友爱兄弟，但却存心犯上的，很少见。不存心犯上而存心作乱的，从来没有。君子要在根本上下功夫，根本确立了，正道也就形成了。孝敬父母、友爱兄弟等，不正是仁的核心和根本吗？”

【原文】

（三）子曰：“巧言令色①，鲜矣仁②！”

【注释】

①巧言：说好听话。巧，好。令色：满脸堆笑，装出讨人喜欢的样子。令，善。色，脸色。②鲜：少。矣：语气词。

【译文】

孔子说：“花言巧语，讨好取巧，这种人，少有仁的。”

【原文】

（四）曾子曰①：“吾日三省吾身②：为人谋而不忠乎③？与朋友交而不信乎④？传不习乎⑤？”

【注释】

①曾子：姓曾，名参（shēn），字子舆。孔子的学生。②日：每天。三：多次，再三。省（xǐng）：反省，自我检查。③为（wèi）：替，给。谋：谋划。指考虑事情。忠：竭尽全力。④交：交往。信：诚实。⑤传（chuán）：传授。这里指老师传授的知识。动词用作名词。

【译文】

曾子说："我每天要多次反省自己。替别人谋事，尽心尽力了吗？和朋友交往，信守诺言吗？教给他人的，有不是我所修习的吗？"

【原文】

（五）子曰："道千乘之国①，敬事而信②，节用而爱人③，使民以时④。"

【注释】

①道千乘（shèng）之国：治理一个拥有一千辆兵车的大国。道，通"导"。治理，管理。千乘之国，拥有兵车一千辆的国家。春秋时打仗用兵车，兵车的多少标志着国力的强弱，千乘之国是有实力的大国。乘，四匹马拉一辆车叫一乘。②敬：谨慎、认真的态度。事：工作。③节：节约。用：费用。④使民以时：役使百姓要在农闲的时间。使，役使。以，在。时，按农时，这里是不违背农业生产季节的意思。

【译文】

孔子说："治理拥有上千辆兵车的国家，要兢兢业业、专一诚信，要以节俭爱人作根本，动用民力一定要考虑农时。"

【原文】

（六）子曰："弟子入则孝①，出则弟②，谨而信③，汎爱众，而亲仁④。行有余力⑤，则以学文⑥。"

【注释】

①弟子：有两种意思：一是年纪幼小的人；一是指学生。这里指年纪幼小的人。入：回到家。则：就。孝：孝顺父母。②出：出外，离开父母身边。弟：通“悌”，敬爱兄长。③谨：少说话。信：诚实。④汎：同“泛”。广泛。仁：有仁德的人。⑤行：实行。余力：剩余的力量。⑥则：就。以：用。文：指《诗经》、《尚书》等古代文献。从这一章可以看出，孔子把做人放在第一位，把做学问放在第二位。

【译文】

孔子说：“弟子们在家孝敬父母，出外敬爱兄长，言行谨慎而诚实，对人要有爱心，要亲近有仁德的人。做到这些以后，如果还有时间和精力，就可以用来读书学习了。”

【原文】

（七）子夏曰[①]：“贤贤易色[②]，事父母能竭其力，事君能致其身[③]，与朋友交言而有信。虽曰未学[④]，吾必谓之学矣[⑤]。”

【注释】

①子夏：姓卜，名商，字子夏。孔子的学生。②贤贤：尊重贤能的人。第一个贤是动词，尊重的意思，第二个贤是名词，指有才有德的人。易色：看轻容貌。易，轻视。色，容貌，女色。③致：献出。④虽曰未学：虽然自谦说没学什么。⑤必：一定。之：指代前边有这种品德的人。

【译文】

子夏说：“追觅贤德胜过好色，服侍父母竭尽全力，服务君主能够献身，和朋友交往言而有信。这样的人，即使他说从未修习做人之道，但我却要说，他不但修习了，而且达到极致。”

【原文】

（八）子曰：“君子不重则不威[①]，学则不固[②]。主忠信[③]，无友不如已者[④]，过则勿惮改[⑤]。”

【注释】

①重：稳重，庄重。威：威仪，威严。②学则不固：即使学习了也不巩固。固，巩固，牢固。③主忠信：亲近那些忠诚、讲信用的人。主，亲近。④无友不如己者：不要和不如自己的人交朋友。无，通“毋”，不要。友，交朋友，名词用作动词。⑤过：过错。勿：同“毋”，不要。惮（dàn）：害怕。

【译文】

孔子说：“君子要严肃沉稳，否则会没有尊严，修习也难得牢固。要把忠和信作为根本。做到没有朋友不如自己。有了过失，不要怕改。”

【原文】

（九）曾子曰[①]：“慎终追远[②]，民德归厚矣[③]。”

【注释】

①曾子：曾参（shēn），孔子的学生。②慎终：谨慎地办理父母的丧事。终，死，这里指父母的逝世。追远：虔诚地祭祀祖先。远，祖先。③厚：淳厚。

【译文】

曾子说：“严格依照葬礼和祭礼以追悼和怀念逝去的人们，百姓的品行就会淳厚。”

【原文】

（十）子禽问于子贡曰[①]：“夫子至于是邦也[②]，必闻其政[③]，求之与？抑与之与[④]？”子贡曰：“夫子温、良、恭、俭、让以得之[⑤]。夫子之求之也，其诸异乎人之求之与[⑥]？”

【注释】

①子禽：姓陈，名元，字子禽。子贡：姓端木，名赐，字子贡。

孔子的学生。②夫子：古代对做过大夫的人的一种尊称，孔子曾做过鲁国的司寇，所以被他的学生称为夫子。至：到。是：这个。邦：诸侯的国家。③政：国家的政事。④求之与？抑与之与：是夫子求人告诉他的呢？还是别人主动告诉他的呢？……与？抑……与，文言文选择疑问句。与，通“欤”，疑问语气词。抑，还是。⑤温、良、恭、俭、让：温和、善良、严肃、节俭、谦逊。⑥其诸：表推测的语气词，有“或者”“大概”的意思。

【译文】

子禽问子贡说：“我们先生每到一个邦国，必定得知该国的政事，是求访得到的，还是人家主动提供的呢？”子贡说：“我们先生温和敦厚、平易坦荡、庄重有礼、节制克己、虚怀若谷，因此得到了他所要得到的。先生的求访，肯定不同于常人的求访。”

【原文】

（十一）子曰：“父在观其志[①]，父没观其行[②]，三年无改于父之道[③]，可谓孝矣。”

【注释】

①父在观其志：父亲在时看他的志向。其，他的，指儿子。古时候父亲在世时，儿子不能自主行事，因而只能看他的志向。②没：死。行：行动，行为。③三年：表示较长的时间，不是确定的时间。道：原则。

【译文】

孔子说：“一个人，在父亲活着的时候，要看他的志向；父亲去世后，要看他的行为。几年内，如果他的行事依然和父亲的相同，也就可算是孝了。”

【原文】

（十二）有子曰[①]：“礼之用[②]，和为贵[③]。先王之道[④]，斯为美[⑤]，小大由之[⑥]。有所不行，知和而和[⑦]，不以礼节之[⑧]，亦不可行也[⑨]。”

【注释】

①有子：姓有，名若。孔子的学生。②礼之用：礼的作用。③和：和顺。④先王之道：过去圣明君王治国的方法。⑤斯：这个。指代“礼之用，和为美”。⑥小大：小事、大事。形容词用作名词。由：经过。之：这。⑦知和而和：为求和顺而求和顺。⑧不以礼节之：不用礼法来制约它。以，用。节，节制，约束。⑨亦不可行也：也是不可行的。

【译文】

有子说：“礼的作用，以和谐为最高境界。先王之道，美就美在这里，无论大事小事，均都照此办理。但有一点是不可行的，那就是为了和谐而和谐，却不通过礼的作用去达到，这就行不通了。”

【原文】

（十三）有子曰：“信近于义[①]，言可复也[②]。恭近于礼[③]，远耻辱也[④]。因不失其亲[⑤]，亦可宗也[⑥]。”

【注释】

①信：信约，约言。近：接近，符合。义：义理，做事适宜。②言：约言，说的话。复：实践诺言。③恭近于礼：恭敬的态度符合礼节。近，符合。④远耻辱：就不至于遭受耻辱。远，使，……远。形容词使动用法。⑤因：依靠，凭借。⑥亦可宗也：也就可靠了。亦，也。宗，主，可靠。

【译文】

有子说：“许诺合乎正道，说到才可以做到。恭敬合乎礼仪，才可以避免耻辱。所依托的是不失可亲的人，也就可靠了。”

【原文】

（十四）子曰："君子食无求饱，居无求安①，敏于事而慎于言②，就有道而正焉③，可谓好学也已④。"

【注释】

①居无求安：居住不要求舒适。②敏于事：办事敏捷。慎于言：说话谨慎。③就有道而正焉：向有道德的人学习而改正自己的缺点。就，接近。道，道德，道义。正，纠正，匡正。④已：同"矣"。

【译文】

孔子说："君子吃不讲究好坏，住不讲究舒适，勤奋做事而谨慎言语，向有道之人学习求教，来规范自己的行为，这可以说是好学了。"

【原文】

（十五）子贡曰："贫而无谄①，富而无骄，何如②？"子曰："可也③，未若贫而乐④，富而好礼者也。"子贡曰："《诗》云：'如切如磋，如琢如磨⑤'，其斯之谓与⑥？"子曰："赐也⑦，始可与言《诗》已矣⑧，告诸往而知来者⑨。"

【注释】

①贫而无谄（chǎn）：贫穷而不去巴结、奉承。谄，谄媚，献媚讨好巴结别人。②何如：怎么样。③可：可以。④未若：不如。⑤切：用刀切料。磋（cūo）：锉平。琢：用刀雕刻。磨：用物磨光。这两句诗见《诗经·卫风·淇奥》，比喻君子精益求精地要求自己，努力提高自己的修养。⑥其斯之谓与：即"其谓斯与"，大概说的就是这个意思吧。其，大概，想必。斯，这。做宾语前置。之，宾语前置的标志词。⑦赐：子贡的名。⑧始可与言《诗》已矣：现在可以和你谈论《诗经》了。与，和你。介词后边省略宾语。⑨告诸往而知来者：我告诉你这一件事，你可以领悟到另一件事。诸，相当于"之"。往，过去的事。来者，未来的事，这里指未知的事。

【译文】

子贡说："穷了不低三下四，富了不骄不横，怎么样？"孔子说："不错。但却不如虽穷却快乐，虽富而又好礼的啊。"子贡说："《诗》中说：'如切如磋，如琢如磨'，讲的就是这个意思吧？"先生说："赐啊！这就能和你谈《诗》了。告诉你以前，你能悟到以后。"

【原文】

（十六）子曰："不患人之不己知①，患不知人也。"

【注释】

①患：担忧。不己知：即"不知己"。不了解自己。

【译文】

孔子说："不怕别人不了解自己，只怕自己不了解别人。"

为政第二

【原文】

（一）子曰："为政以德[1]，譬如北辰居其所而众星共之[2]。"

【注释】

①为政以德：用道德教化来治理国家。以，用。②北辰：北极星。居：处。其所：它的位置。众星共之：群星围绕着它。共，通"拱"，环绕。

【译文】

孔子说："执政全凭有德，这就譬如北极星一样，只要处在自己的位置上，众星就自然会环绕在它的周围。"

【原文】

（二）子曰："《诗》三百[1]，一言以蔽之[2]，曰：'思无邪[3]'。"

【注释】

①三百：《诗经》共有三百零五篇。"三百"取其整数。②蔽：概括。③思无邪：思想纯正。无邪，纯正，不邪恶。

【译文】

孔子说："《诗》有三百多篇，用一句话来概括，就叫'思无邪'。"

【原文】

（三）子曰："道之以政[1]，齐之以刑[2]，民免而无耻[3]；道之以德，齐之以礼[4]，有耻且格[5]。"

【注释】

①道之以政：用行政命令来治理百姓。道，通“导”，治理。之，指代百姓。以，用。政，政令。②齐之以刑：用刑法来制约百姓。齐，整齐，制约。③民免而无耻：老百姓能避免犯罪，却没有耻辱之心。免，免罪，免祸。无耻，没有耻辱之心。④齐之以礼：用礼教来约束百姓。⑤有耻且格：（百姓）不但有耻辱之心而且有归服之心。格，向往，归服。

【译文】

孔子说：“统治人民用政令，规范人民用刑法，人民只求不违法就行了，但却丧失了遵法守法的积极性和主动性。统治人民用道德，规范人民用礼仪，人民就会积极主动地按高标准来要求自己。”

【原文】

（四）子曰：“吾十有五而志于学①，三十而立②，四十而不惑③，五十而知天命④，六十而耳顺⑤，七十而从心所欲⑥，不踰矩⑦。”

【注释】

①十有（yòu）五：十五。有，又。用于整数和零数之间。志于学：立志于做学问。②立：站立。指立身处世站得住脚。③不惑：明白了各种事理，做事不再疑惑。④天命：上天的意志。指不以人的意志为转移的命运、规律。⑤耳顺：耳朵一听到别人的话，心中立即能分辨出是非、真假。⑥从（zòng）心所欲：心里怎么想就怎么做。从，放纵。⑦不踰矩：不会越过规矩。踰，超越，越过。矩，规矩，法度。

【译文】

孔子说：“我十五岁立志从学，三十岁已有所成，四十岁已少有困惑，五十岁时知道了天命，六十岁听什么都能顺耳，到七十岁的时候，即使随心所欲，也绝不会有失规矩了。”

【原文】

（五）孟懿子问孝[①]，子曰："无违[②]。"樊迟御[③]，子告之曰："孟孙问孝于我[④]，我对曰，'无违'。"樊迟曰："何谓也[⑤]？"子曰："生[⑥]，事之以礼[⑦]；死，葬之以礼，祭之以礼。"

【注释】

①孟懿（yì）子：姓孟孙，名何忌，"懿"是谥号。鲁国的大夫。孟懿子的父亲临终时嘱咐他向孔子学礼。②无违：不要违背礼仪。③樊迟御：樊迟给孔子赶车。樊迟，姓樊，名须，字子迟。孔子的学生。御，赶车。④孟孙：指孟懿子。⑤何谓：即"谓何"。说的是什么意思？⑥生：活的时候。⑦事：侍奉。

【译文】

孟懿子问有关孝的事，孔子说："不要违背礼仪。"樊迟为孔子驾车时，孔子告诉他说："孟孙问我孝的事，我告诉也：'不要违背礼仪。'"樊迟说："这话是什么意思呢？"孔子说："父母在的时候，要以礼侍奉；不在了，要以礼送终，并且按照礼的要求去祭祀。"

【原文】

（六）孟武伯问孝[①]，子曰："父母唯其疾之忧[②]。"

【注释】

①孟武伯：姓孟孙，名彘（zhì），"武"是谥号。孟懿子的儿子。②父母惟其疾之忧：即"父母惟忧其疾"，父母只担忧孝子的疾病。这句的意思是孝子不违背礼节，可以使父母放心，父母只担忧孝子的疾病。其，他的，指孝子。疾，病。

【译文】

孟武伯问有关孝的事，孔子说："父母只为孝子的疾病而担心。"

【原文】

（七）子游问孝[1]，子曰："今之孝者[2]，是谓能养[3]。至于犬马[4]，皆能有养[5]。不敬，何以别乎[6]？"

【注释】

①子游：姓言，名偃，字子游。孔子的学生。②今之孝者：现在的孝。之，连接时间状语与主语的结构助词。③养：供养，赡养。④至于犬马：对于狗马。至于，对于。⑤养：饲养，喂养。⑥何以别乎：用什么来区别呢？何以，以何。以，表示凭借的介词。

【译文】

子游问有关孝的事，孔子说："现在人们一说孝，就说是能赡养父母。那么像狗和马，不也被养着吗？没有敬爱之心，拿什么去分别呢？"

【原文】

（八）子夏问孝，子曰："色难[1]。有事，弟子服其劳[2]；有酒食，先生馔[3]。曾是以为孝乎[4]？"

【注释】

①色难：有三种解释：一说侍奉父母，使父母保持和颜悦色难。一说理解父母脸色、神情难。一说表里如一发自内心难。色，脸色。②弟子服其劳：儿子替父母效劳。弟子，年轻人，这里指儿子。③先生：长辈，这里指父母。馔（zhuàn）：吃喝。④曾是以为孝乎：竟然这也算作是孝吗？曾，竟然，难道。副词。

【译文】

子夏问有关孝的事，孔子说："表里如一，发自内心最难得。遇事，晚辈代劳；有吃的喝的，先让长辈享用，把这也算作是孝吗？"

【原文】

（九）子曰：“吾与回言终日[①]，不违[②]，如愚。退而省其私[③]，亦足以发[④]，回也不愚[⑤]。”

【注释】

①吾与回言终日：我给颜回整天讲学。回，姓颜，名回，字子渊，又叫颜渊。孔子最得意的学生。②不违：不相同的意见。③退而省其私：等他退下我观察他私下的言行。退，从老师那里退下。省，观察。④发：发挥。⑤也：句中语气词。

【译文】

孔子说：“我和颜回谈上一天，他也没有一点不同看法，像是很笨。但过后观察他下面的作为，却很能发挥我的传授，颜回啊，颜回，真是不笨。”

【原文】

（十）子曰：“视其所以[①]，观其所由[②]，察其所安[③]。人焉廋哉[④]？人焉廋哉？”

【注释】

①所以：所做的事。以，做。②由：经由，经历。③安：安心。指安心做什么。④人焉廋（sōu）哉：这个人隐藏到哪里去呢？焉，何处。廋，隐藏，藏匿。

【译文】

孔子说：“看他的作为，寻他的动机，了解他的向往。那么，他怎么能藏得住呢？他怎么能够藏得住呢？”

【原文】

（十一）子曰：“温故而知新[①]，可以为师矣。”

【注释】

①温故而知新：温习旧的知识能从中获得新的体会。

【译文】

孔子说："温习旧学而获得新的体会，这样的人可以做老师。"

【原文】

（十二）子曰："君子不器①。"

【注释】

①君子不器：君子不要像器具一样。器，器具。器具都是为了某种需要而制作的，不能互相通用，孔子主张人要博学，因此用器具作比喻。

【译文】

孔子说："君子不能成为器具。"

【原文】

（十三）子贡问君子①，子曰："先行其言而后从之②。"

【注释】

①子贡问君子：子贡问怎样能成为一个君子。②先行其言而后从之：先实行你想说的话，实行了再说出链。其言，你要说的话。之，指代实际行动。

【译文】

子贡问什么是君子。孔子说："先做后说，而且怎么做就怎么说。"

【原文】

（十四）子曰："君子周而不比①，小人比而不周。"

【注释】

①周：从公心出发团结人。比：从私利出发互相勾结。

【译文】

孔子说："君子团结一致却不互相勾结，小人结党营私却不团结。"

【原文】

（十五）子曰："学而不思则罔①，思而不学则殆②。"

【注释】

①罔（wǎng）：受骗。②殆：疑惑。

【译文】

孔子说："学了不想就会稀里糊涂，想了不学则会茫然无措。"

【原文】

（十六）子曰："攻乎异端①，斯害也已②。"

【注释】

①攻乎异端：专心钻研异端邪说。攻，钻研。异端，与孔子主张不同的观点。②斯害也已：这就是祸害啊。斯，这。也已，语气词。

【译文】

孔子说："钻研异端邪说，这就是祸害啊。"

【原文】

（十七）子曰："由①！诲女知之乎②？知之为知之，不知为不知，是知也③。"

【注释】

①由：姓仲，名由，字子路，又字季路。长期跟随孔子的学生。②诲女知之乎：我教你正确对待掌握学问的态度。诲，教导，教诲。女，通“汝”，你。之，指代学问，下文同。③是知也：这是聪明的。知，通“智”，聪明。

【译文】

孔子说：“由，教你什么是知吧？知道就是知道，不知道就是不知道，这就是智。”

【原文】

（十八）子张学干禄[①]。子曰：“多闻阙疑[②]，慎言其余，则寡尤[③]。多见阙殆[④]，慎行其余，则寡悔。言寡尤，行寡悔，禄在其中矣。”

【注释】

①子张学干禄：子张向孔子学习求官职得俸禄的方法。子张，姓颛孙，名师，字子张。孔子的学生。干，求。禄，官吏的俸禄。②多闻阙疑：多听一些，有怀疑的地方暂时搁下。阙，通“缺”。有保留，回避的意思。③寡尤：少犯错误。寡，少。尤，过错。④多见阙殆：多看一些，有疑惑不清的事暂时搁下。殆，疑惑。

【译文】

子张求教有关谋官从政的事。孔子说：“多听，有疑问的搁置一旁，其他的也要言谈谨慎，这样就会少犯过失。多看，拿不准的搁置一旁，其余的也要谨慎从事，这样就会少些后悔。言谈少过失，行事少后悔，谋官从政的机会也就在其中了。”

【原文】

（十九）哀公问曰[①]：“何为则民服[②]？”孔子对曰：“举直错诸枉[③]，则民服；举枉错诸直，则民不服。”

【注释】

①哀公：姓姬，名蒋，鲁国国君。定公的儿子，继定公位，在位二十七年（公元前494—前466年）。②何为则民服：做些什么老百姓才能服从。何为，即“为何”，做什么。③举直错诸枉：选拔正直的人，放置他们在邪恶人之上。举，选拔。直，正直。错，通“措”，放置。诸，“之于”的合音。枉：邪曲。

【译文】

哀公问孔子说：“怎样做人民才会顺服？”孔子回答说：“用正道抑制邪道，人民就会顺服。用邪道抑止正道，人民就不会顺服。”

【原文】

（二十）季康子问[①]：“使民敬、忠以劝[②]，如之何？”子曰：“临之以庄则敬[③]，孝慈则忠[④]，举善而教不能则劝[⑤]。”

【注释】

①季康子：姓季孙，名肥，“康”是谥号。鲁国大夫，鲁哀公时最有权力的人。②以：和。连词。劝：勉励。③临之以庄：你对他们的态度庄重。临，对待。之，他们，指百姓。④孝慈则忠：你孝顺父母、慈爱百姓他们就会有忠心。⑤举善而教不能：你举荐正直的人，教育能力差的人。善，正直品德高尚的人。不能，能力差的人。

【译文】

季康子问道：“怎样做人民才会尊敬、忠诚并努力向上呢？”孔子说：“要用庄重严肃的态度对待他们，这样就会得到尊敬。尊老爱幼，人民就会忠诚。表彰有善行的人并教化那些做得不够的人，则人人就会努力向上。”

【原文】

（二十一）或谓孔子曰[①]：“子奚不为政[②]？”子曰：“《书》

云[③]：‘孝乎惟孝[④]，友于兄弟。施于有政[⑤]’。是亦为政，奚其为为政？”

【注释】

①或：有人。②奚：为什么。疑问词。③书：《尚书》。④孝乎惟孝：孝呀只有孝顺父母。乎，语气词。惟，只有。⑤施于有政：推广影响到政治上去。施，延及。有，词头，无意义。

【译文】

有人对孔子说：“先生干吗不从政呢？”孔子说：“《尚书》中讲：‘孝啊孝，多么伟大，它可以让人孝敬父母，友爱兄弟。广泛施行，应用于政事’。既然这也就是参与了政事，那干吗还要去做官才算从政呢？”

【原文】

（二十二）子曰：“人而无信[①]，不知其可也[②]。大车无輗[③]，小车无軏[④]，其何以行之哉[⑤]？”

【注释】

①人而无信：一个人没有信用。②可：可以，能。③大车：古代牛拉的车叫大车。輗（ní）：牛车车辕前面横木两端的销子。④小车：马拉的车叫小车。軏（yuè）：马车车辕前面横木两端的销子。⑤其：表反诘的语气词。何以：以何，用什么。

【译文】

孔子说：“一个人如果没了诚信，我不知道他还能干什么。就像那大大小小的车，少了车辕横木上的销子，又怎么能驾上牛马前进呢？”

【原文】

（二十三）子张问：“十世可知也[①]？”子曰：“殷因于夏礼[②]，

所损益可知也③；周因于殷礼④，所损益可知也；其或继周者，虽百世可知也⑤。”

【注释】

①世：朝代。也：同“耶”，疑问语气词。②殷：殷朝，又叫商朝。因：因袭，继承。夏：夏朝。③损：减少。益：增加。④周：周朝。⑤虽：即使。

【译文】

子张问道：“十代以后的事可以知道吗？”孔子说：“商代承绪了夏代的礼仪，有所增删可以知道。周代承绪了商代的，有所增删也可以知道。如果以后有能承绪周代的，即使传承一百代，那也是可以知道的啊。”

【原文】

（二十四）子曰：“非其鬼而祭之①，谄也②。见义不为，无勇也。”

【注释】

①鬼：古代人死都叫鬼，一般指已死的祖先，也泛指鬼神。祭：祭祀鬼神的目的是祈福。②谄（chǎn）：谄媚，巴结。

【译文】

孔子说：“不该你祭祀的而去祭祀，这是讨好献媚。遇到伸张正义时却不敢做，这是缺乏勇气。”

八佾第三

【原文】

（一）孔子谓季氏①，“八佾舞于庭②，是可忍也③，孰不可忍也④？”

【注释】

①季氏：季孙氏，这里指季平子，鲁国大夫。②八佾（yì）：古代舞蹈奏乐的行列。八个人为一行，一行叫一佾。八佾是八行，六十四人。周礼规定：天子用八佾，诸侯用六佾，大夫用四佾。季平子是大夫却用八佾。③是可忍：这都可以忍心做出来。是，这。忍，忍心，狠心。④孰（shú）：什么。疑问代词。

【译文】

孔子谈到季孙氏时，说：“他竟然越级使用天子才能使用的舞队在自己的家中，这样的事都做得出来，那还有什么他做不出来的呢？”

【原文】

（二）三家①者以《雍》彻。子曰：“‘相维辟公，天子穆穆’②，奚取于三家之堂③？”

【注释】

①三家：指孟孙、叔孙、季孙，鲁国的三家大夫，当时掌握着鲁国的政权。《雍》：《诗经·周颂》里的篇名。这是周天子祭祀宗庙后，撤去祭品时所唱的乐歌。彻：通“撤”，撤除。②相（xiàng）维辟公，天子穆穆：助祭的是诸侯，天子严肃静穆地主祭。相，助祭的人。维，语气词，无意义。辟公，诸侯。天子，主祭的周天子。穆穆，态度庄

严肃穆。这两句是《雍》篇中的诗句。③奚（xī）：怎么。堂：祭祖的庙堂。

【译文】

鲁国的孟孙、叔孙、季孙这三家，每当家祭结束时，都要奏周天子举行祭礼时才用的名为《雍》的乐歌。孔子说："《雍》诗中写道：'祭祀时，王公诸侯济济一堂，天子仪态庄严静穆。'这其中有哪一点能和这三家的祭祀场面对上号呢？"

【原文】

（三）子曰："人而不仁[①]，如礼何[②]？人而不仁，如乐何？"

【注释】

①人而不仁：做人却没有仁爱之心。②若礼何：对礼怎么样呢？这里是谈不上礼的意思。

【译文】

孔子说："人如果丧失了仁，怎么谈得上礼；人如果丧失了仁，怎么谈得上乐。"

【原文】

（四）林放问礼之本[①]，子曰："大哉问[②]！礼，与其奢也，宁俭；丧，与其易也[③]，宁戚[④]。"

【注释】

①林放问礼之本：林放问礼的根本是什么。林放，鲁国人。②大哉问：即"问，大哉"。你所问的意义重大啊。③与其易也：与其在仪式上办得周到。易，治理，把事情办得周到妥善。④戚：内心悲痛。

【译文】

林放问礼的根本。孔子说："太大了，你的问题！简单地说，一般礼仪宁肯节俭也不要奢侈。丧礼，与其过分地讲究，还不如尽心哀悼的好。”

【原文】

（五）子曰：夷狄之有君[①]，不如诸夏之亡也[②]。”

【注释】

①夷狄：古时汉族对少数民族的称呼。夷，住在东方的少数民族。狄，住在北方的少数民族。②不如：不及。诸夏：华夏族居住在中原一带的各诸侯国。亡（wú）：通“无”。

【译文】

孔子说：“未开化民族即使有君主的治理，其状况也不如没有君主的华夏诸邦。”

【原文】

（六）季氏旅于泰山[①]。子谓冉有曰[②]：“女弗能救与[③]？”对曰：“不能。”子曰：“呜呼！曾谓泰山不如林放乎[④]？”

【注释】

①季氏旅于泰山：季氏要去祭祀泰山。季氏，季孙氏，鲁国的大夫。旅，祭山。当时只有天子、诸侯才有资格祭祀名山大川。②冉有：姓冉，名求，字子有。孔子的学生，当时为季氏家臣。③女：通“汝”，你。弗，不。救：纠正，劝阻。与：通“欤”，表疑问的语气词。④曾谓泰山不如林放乎：难道说泰山不如林放懂礼（居然接受季氏越礼的祭祀）吗？曾，竟，难道。副词。林放，鲁国人，懂礼节。

【译文】

季孙氏去祭泰山。孔子对冉有说：“你不能阻止匡正这件事吗？”冉有回答说：“不能。”孔子叹息道：“唉！难道说这泰山神还不如林放吗？”

【原文】

（七）子曰："君子无所争。必也射乎[①]！揖让而升[②]，下而饮[③]。其争也君子[④]。"

【注释】

①必也射乎：一定是比赛射箭。射，射箭比赛。这里指的是最高一级的大射，是天子、诸侯、卿大夫等贵族阶层用来挑选人才的仪式。②揖让而升：互相作揖然后升堂。揖让，拱手表示敬意，古时的一种礼节。升，升堂。古时射礼在堂上举行。③下而饮：（射完）走下堂然后饮酒。④其争也君子：这种竞争是君子的竞争。

【译文】

孔子说："君子没有什么可争的。如果一定有，那就是竞射了吧！彼此循礼致敬，然后上堂竞射。竞射结束，下堂后又彼此致意举杯共饮。这相争也是君子的相争啊。"

【原文】

（八）子夏问曰："'巧笑倩兮[①]，美目盼兮[②]，素以为绚兮[③]。'何谓也？"子曰："绘事后素。[④]"曰："礼后乎[⑤]？"子曰："起予者商也[⑥]！始可与言《诗》已矣。"

【注释】

①巧笑倩（qiàn）兮：形容女子笑时美丽的容貌。倩，美丽。②美目盼兮：形容女子的眼睛美丽明亮。盼，眼睛黑白分明。③素以为绚（xuàn）兮：洁白的底子上画上画。形容女子美丽白嫩的面颊化妆后更加艳丽。素，白底。绚，色彩华丽。这三句诗赞美一个女子的容貌。前两句出于《诗经·卫风·硕人》，后一句可能是逸诗。④绘事后素：先有白底，后用色彩绘画。绘，绘画。后，后于。素，白底。⑤礼后乎：礼在后面吗？在什么后边？原文没说出。根据朱熹的《集注》应该是礼在忠信之后。⑥起予者商也：阐发我思想的是商呀！起，阐发。予，我。商，子夏。子夏姓卜，名商，字子夏。

【译文】

子夏提问说："'动人的微笑多么美，漂亮的眼睛秋波漾，素色的粉底啊！让她更绚丽。'这是什么意思呢？"孔子说："绘画时，上色总在用粉底之后。"于是子夏就说："这么说，礼也同样在后吧？"孔子说："启发我的是你呀！商，现在可以和你谈《诗》了。"

【原文】

（九）子曰："夏礼吾能言之，杞不足征也[①]；殷礼吾能言之，宋不足征也[②]。文献不足故也[③]。足则吾能征之矣。"

【注释】

①杞（qǐ）不足征：杞国不能作证。杞，国名，在今河南杞县一带，相传是夏禹的后代。征，证明。②宋：国名，在今河南商丘一带，是商汤的后代。战国时被齐、魏、楚三国共灭。③文献不足故也：这是历史文字资料和贤者不够的缘故。文，文献典籍。献，贤人。

【译文】

孔子说："夏代的礼我能讲，但它的后代杞国却缺少足以引证的材料。商代的礼我也能讲，但它的后代宋国也缺乏足以引证的材料。这是由于文献不足的缘故。如果充分，那我就可以充分地引证了。"

【原文】

（十）子曰："禘自既灌而往者[①]，吾不欲观之矣。"

【注释】

①禘（dì）自既灌而往者：禘祭的仪式从第一次献酒后。禘，古代一种极为隆重的大的祭祀，只有天子能举行。既，已经。灌，祭祀时开始首次向受祭者献酒。

【译文】

孔子说："对于在鲁国所举行的禘礼，在开祭献酒以后，我就不想看了。"

【原文】

（十一）或问禘之说[①]，子曰："不知也[②]。知其说者之于天下也，其如示诸斯乎[③]！"指其掌[④]。

【注释】

①或问禘之说：有人向孔子求教关于禘祭的理论。或，有人。②不知也：禘祭是天子的祭祀。孔子认为在鲁国举行禘祭是越礼的行为，就用不知道来表示自己的不满。③知其说者之于天下也，其如示诸斯乎：知道这样道理的人，对于治理天下，就像把东西摆在这儿一样。示，通"置"，摆，放。诸，"之于"的合音。斯，这儿。指手掌。④指其掌：孔子说话时指着自己的手掌。

【译文】

有人问孔子禘礼的规矩和说法。孔子说："不知道啊。知道那规矩和理论的，天下对他来说，大概就会像把东西摆在手掌上一样容易。"一边说，一边指着自己的手掌。

【原文】

（十二）祭如在[①]，祭神如神在[②]。子曰："吾不与祭[③]，如不祭。"

【注释】

①祭如在：祭祀祖先像祖先真在面前。祭，祭祀祖先。②祭神：祭外神。③与（yù）：参与。

【译文】

祭祀祖先时，就像面对着祖先；祭祀神灵时，就像面对着神灵。孔子说："我如果不能亲临祭祀，就如同没有祭祀。"

【原文】

（十三）王孙贾问曰[①]："与其媚于奥[②]，宁媚于灶[③]，何谓也？"子曰："不然[④]。获罪于天，无所祷也[⑤]。"

【注释】

①王孙贾：卫国大夫。②媚：讨好，巴结。奥：房子的西南角，古人认为那里有神。③灶：做饭的炉灶。古人认为奥神比灶神尊贵，但灶神可以"上天言善事"，有实权。"与其媚于奥，宁媚于灶"可能是当时的俗语，意思是与其巴结地位高的人，不如巴结地位低有实权的人。④不然：不是这样。⑤获罪于天，无所祷也：如果做了坏事，得罪了上天，那就没有地方祷告。意思是说，做了坏事，巴结谁都没有用。

【译文】

王孙贾问道："'与其讨好西南角的神，不如讨好灶神。'这是什么意思？"孔子说："不对。如果获罪于上天，那就到哪儿祷告也没用。"

【原文】

（十四）子曰："周监于二代[①]，郁郁乎文哉[②]！吾从周[③]。"

【注释】

①周监于二代：周朝的礼仪制度是借鉴于夏朝、商朝制定的。监，通"鉴"，借鉴。二代，夏商二代。②郁郁乎文哉：礼乐制度多么丰富多彩呀。郁郁，丰富，繁盛。文，礼乐制度。③从：顺从，赞同。

【译文】

孔子说："周代承绪着夏商两代，它的典章制度多么丰富完美啊！我追崇着周代。"

【原文】

（十五）子入太庙[①]，每事问[②]。或曰："孰谓鄹人之子知礼乎[③]？入太庙，每事问。"子闻之曰："是礼也。"

【注释】

①太庙：祭祀开国君主（太祖）的庙。周公旦是鲁国最初受封的君主，这里的太庙指周公庙。②每事问：每件事都发问。③孰谓鄹（zòu）人之子知礼乎：谁说鄹大夫的儿子懂得礼呢？孰，谁。鄹，鲁国的地名，在今山东曲阜东南。孔子的父亲叔梁纥曾在鄹作过大夫。

【译文】

孔子年轻时曾到鲁国的太庙中去，每样事都要问。于是就有人说："谁说鄹大夫的儿子懂礼？到太庙后，每样事都问。"孔子听到后，说："这就是礼呀。"

【原文】

（十六）子曰："射不主皮[①]，为力不同科[②]，古之道也。"

【注释】

①射不主皮：射箭不以穿透靶子为主。射，射箭。这里是演习礼乐的射箭，而不是军中练习武艺的射箭。皮，用皮子做成的箭靶子。②为（wèi）：因为。同科：同等。

【译文】

孔子说："演示射艺时，并不看重射穿箭靶。因为各人的气力不同。这是古人的规矩。"

【原文】

（十七）子贡欲去告朔之饩羊[①]。子曰："赐也[②]！尔爱其羊[③]，我爱其礼。"

【注释】

①去：去掉，除去。告（gù）朔：古代的一种制度。每年秋冬之际，周天子把第二年的历书颁给诸侯，诸侯把历书藏于祖庙。每月初一，诸侯到祖庙杀一只羊祭祀，然后回到朝廷听政，这叫告朔。到子贡时，鲁国国君不亲临祖庙祭祀，也不听政，只杀只羊做样子。所以子贡认为不必虚设这样一个形式，主张废除。孔子却认为保留这一形式比不保留好。朔，每月初一。饩（xì）羊：祭祀用的活羊。②赐：子贡的名。③尔：你。爱：爱惜。

【译文】

子贡打算免掉告朔祭祀时用的羊。孔子说："赐啊！你爱那只羊，而我爱这礼仪。"

【原文】

（十八）子曰："事君尽礼①，人以为谄也②。"

【注释】

①尽礼：完全按礼仪做。②以为：认为。谄（chǎn）：献媚。

【译文】

孔子说："事奉君主克尽礼仪，人们会以为是讨好献媚。"

【原文】

（十九）定公问①："君使臣，臣事君，如之何？"孔子对曰："君使臣以礼，臣事君以忠。"

【注释】

①定公：姓姬，名宋。鲁国国君。鲁昭公的弟弟，继昭公继位，在位十五年（公元前509—前495年）。

【译文】

定公问道："君主役使臣子，臣子奉事君主，该怎样做?"孔子说："君主役使臣子要符合礼，臣子奉事君主要符合忠。"

【原文】

（二十）子曰："《关雎》乐而不淫①，哀而不伤②。"

【注释】

①《关雎》乐而不淫：《关雎》这首诗快乐而不放荡。《关雎》，《诗经》的第一篇，描写男子追求女子时忧愁及想象的结婚的喜悦。淫，过分到不适当的程度。②哀而不伤：忧愁而不悲伤。

【译文】

孔子说："《关雎》这首诗，快乐而不放荡，忧伤而不过分。"

【原文】

（二十一）哀公问社于宰我①。宰我对曰："夏后氏以松②，殷人以柏，周人以栗，曰使民战栗③。"子闻之，曰："成事不说④，遂事不谏⑤，既往不咎⑥。"

【注释】

①哀公问社于宰我：哀公问宰我做土地神神主用什么木材。社，土地神。这里指的是神主，用木制成的祭祀土地神的牌位。宰我，名予，字子我。孔子的学生。②夏后氏：夏朝的君主。③战栗：害怕而发抖。④成事不说：已做过的事情，不再说了。⑤遂事不谏：已经完成的事就不再规劝。遂，已经完成。⑥既往不咎（jiù）：已经过去的事不再责备了。既，已经。咎，责备。

【译文】

哀公问宰我有关土地神神主的事。宰我回答说："夏后氏用松木做，商代人用柏木做，周代人用栗木做，说是：让人们恐惧发抖。"

孔子听到后，说："已做的事不说，做成的事不拦，事已过去不要追究。"

【原文】

（二十二）子曰："管仲之器小哉①！"或曰："管仲俭乎？"曰："管氏有三归②，官事不摄③，焉得俭？""然则管仲知礼乎？"曰："邦君树塞门④，管氏亦树塞门。邦君为两君之好，有反坫⑤，管氏亦有反坫。管氏而知礼⑥，孰不知礼？"

【注释】

①管仲之器小哉：管仲的器量小得很呀。管仲，姓管，名夷吾，齐国人。春秋时有名的政治家，曾做齐桓公的宰相，辅佐齐桓公成为春秋时五霸之一。②三归：三处住所。③官事不摄：他手下的官员（都是专职的）从不兼职。摄，兼任。④邦君树塞门：诸侯国国君在大门口树立照壁。树，树立。动词。塞门，大门口建的短墙，挡住外边的视线。类似后来的照壁、屏风。⑤反坫（diàn）：用土筑成的放器具的台子。筑在堂上东西两个柱子之间，国君招待别国国君，喝完酒把空酒杯放在坫上。⑥管仲而知礼：如果说管仲懂礼。

【译文】

孔子说："管仲的气度太小了！"有人便问："是不是管仲太俭朴了？"孔子说："管仲有三处府第，每件事均有专人负责，互不兼职，哪里谈得上俭朴呢？"于是此人又说："这样说来，管仲很懂礼了？"孔子说："国君门前树有屏障，管仲也在门前树屏障。国君同别国君主举行和会时才设的专用台子，管仲也设。如果说管氏懂礼，那还有谁不懂礼呢？"

【原文】

（二十三）子语鲁大师乐①，曰："乐其可知也：始作，翕如也②；从之③，纯如也④，皦如也⑤，绎如也⑥，以成。"

【注释】

①语（yù）：告诉。大（tài）师：主管音乐的官。②翕（xī）：合。如：形容词词尾。③从（zòng）：放纵，展开。④纯：和谐。⑤皦（jiǎo）：分明，清晰。⑥绎（yì）：连续不断。

【译文】

孔子和鲁太师讲乐，说："乐的一般规程是可知的：一开始，让各种声音相合，然后在发展中和谐一致，但各自分明，如此这般地循环往复，直到完成。"

【原文】

（二十四）仪封人请见①，曰："君子之至于斯也②，吾未尝不得见也③。"从者见之。出曰："二三子何患于丧乎④？天下之无道也久矣，天将以夫子为木铎⑤。"

【注释】

①仪：卫国的地名。封人：管理疆界的官吏。②斯：这里，指代仪。③未尝不得见也：从没有没会见过的。④二三子何患于丧（sàng）：你们几个人对夫子丢了官职有什么可担忧的？二三子，诸位，几个人。这里指孔子的学生。丧，丢了官职。⑤木铎：用木做舌的铜铃。古时宣布政令时摇铃召集众人。这里比喻孔子会成为宣传大道的代言人。

【译文】

卫国仪城的管理疆界的官请求会见孔子，说："凡是君子来这儿的，我没有不见的。"孔子的弟子们就带他去见孔子。出来后说："诸位，你们有什么必要忧虑你们先生的不在其位呢？天下早已没了正道，天意要把你们先生作为警世的木铎啊！"

【原文】

（二十五）子谓《韶》①："尽美矣②，又尽善也③。"谓《武》④：

"尽美矣，未尽善也⑤。"

【注释】

①韶：传说舜时的乐曲名。②美：指音乐曲调的优美。③尽善矣：音乐的思想内容也好极了。善，指音乐的思想内容。孔子认为舜由尧"禅让"得到帝位，因而它的乐曲"尽善"矣。④武：传说周武王时的乐曲名。⑤未尽善也：内容却不是最好的。孔子认为武王是用武力讨伐纣王得到的帝位，因而"未尽善也"。

【译文】

孔子评论《韶》乐说："非常美，内容也非常好。"评论《武》乐说："非常美，但还是不够好。"

【原文】

（二十六）子曰："居上不宽①，为礼不敬②，临丧不哀，吾何以观之哉！"

【注释】

①居上不宽：处在统治地位不宽宏大量。②为礼不敬：举行礼仪时不恭敬认真。

【译文】

孔子说："身在高位却不宽厚，举行礼仪却无敬意，遭逢丧事却不悲哀，这样我怎么能看得下去呢？"

里仁第四

【原文】

（一）子曰："里仁为美[①]。择不处仁[②]，焉得知[③]？"

【注释】

①里仁为美：住的地方有仁爱的风俗才好。里，古代百姓聚居的地方，《周礼》记载二十五家为一里。②择不处（chǔ）仁：选择住处不住在有仁爱风俗的地方。处，居住。③知：通"智"，聪明。

【译文】

孔子说："居住在仁的环境中最好。选择环境而缺少仁，哪里算是聪明。"

【原文】

（二）子曰："不仁者不可以久处约[①]，不可以长处乐。仁者安仁[②]，知者利仁[③]。"

【注释】

①不仁者不可以久处约：没有仁德的人不能长期处在贫困中。约，贫困。②仁者安仁：有仁德的人安于行仁。③知者利仁：聪明的人利用仁。意思是聪明的人认识到仁对他有长远而巨大利益而实行仁。

【译文】

孔子说："不仁的人，既不能长在贫困中，又不能长在安乐中。仁人能够永保仁道，真正的聪明人知道仁的益处。"

【原文】

（三）子曰："唯仁者能好人[①]，能恶人[②]。"

【注释】

①好（hào）人：用正确的态度喜欢人。好，喜爱。②恶（wù）人：用正确的态度恨人。恶，厌恶。

【译文】

孔子说："只有有仁德的人，才能真正的爱人，才能真正的恨人。"

【原文】

（四）子曰："苟志于仁矣[①]，无恶也[②]。"

【注释】

①苟志于仁矣：如果立志实行仁德。苟，如果，假如。②恶（è）：坏。

【译文】

孔子说："如果立志在仁德上，那他就不会有恶行了。"

【原文】

（五）子曰："富与贵是人之所欲也[①]，不以其道得之，不处也[②]；贫与贱是人之所恶也，不以其道得之[③]，不去也。君子去仁，恶乎成名[④]？君子无终食之间违仁[⑤]，造次必于是[⑥]，颠沛必于是。"

【注释】

①是人之所欲：这是人所期望得到的。是，代词。②不处也：不接受，不享用。③这句的"得之"应改为"去之"。④恶（wū）乎成名：怎么能成名。恶乎，即"乎恶"，在何处。⑤君子无终食之间违仁：君子不会在吃一顿饭的工夫背离仁。⑥造次必于是：在匆忙紧迫的情况下也一定

和仁德同在。造次，匆忙，仓促。

【译文】

孔子说："富足和高贵，是人所追求的，不由正当的方法而得到，不去享有。贫困和下贱，是人所厌弃的，不用正当的方法来摆脱，不求摆脱。君子如果离弃了仁德，凭什么再称为君子呢？君子即使一顿饭的时间也不会违弃仁德。举措不安时必定紧守仁德，颠沛流离时也同样紧守仁德。"

【原文】

（六）子曰："我未见好仁者[①]，恶不仁者[②]。好仁者，无以尚之[③]；恶不仁者，其为仁矣，不使不仁者加乎其身。有能一日用其力於仁矣乎[④]？我未见力不足者。盖有之矣[⑤]，我未之见也[⑥]。"

【注释】

①好（hào）：喜欢。②恶（wù）：讨厌。③尚：超过。动词。④有能一日用其力於仁矣乎：有谁能在某一天用他的力量去实行仁德吗？⑤盖：大概。副词。⑥未之见：即"未见之"。没有见过这种人。

【译文】

孔子说："我没有见过喜欢仁的和讨厌不仁的人。喜欢仁的，会把仁奉为至高无上；讨厌不仁的，就已经有了仁，绝不让那不仁的事沾染了自己。有谁能在一天之中，把自己的所有力量都倾注在仁上的呢？我没看到力量不足的。或许有这样的人，可是我还没有见到过。"

【原文】

（七）子曰："人之过也，各于其党[①]。观过，斯知仁矣[②]。"

【注释】

①各于其党：什么类型的人犯什么类型的错误。党，类别。②斯知仁矣：就知道他是什么样的人了。斯，就，便。仁，通“人”。

【译文】

孔子说：“人的过失，各有其同一类型的特征。观察那一过失，也就知道他是什么人了。”

【原文】

（八）子曰：“朝闻道[①]，夕死可矣。”

【注释】

①朝（zhāo）：早晨。道：道理，真理。

【译文】

孔子说：“早上得闻人生至理，晚上死了都行。”

【原文】

（九）子曰：“士志于道，而耻恶衣恶食者[①]，未足与议也。”

【注释】

①耻恶衣恶食者：把穿破衣服、吃粗劣食物作为耻辱的人。耻，以……为耻。形容词的意动用法。

【译文】

孔子说：“士人立志追求人生至理，把穿的差吃的差当作耻辱的人，也就不值得和他说什么了。”

【原文】

（十）子曰：“君子之于天下也，无适也[①]，无莫也[②]，义之与比[③]。”

【注释】

①适（dí）：专主的，专门的。②莫：不可以的，不专一的。③义之与比（bì）：怎样恰当、合适就怎样干。义，适宜，合适。比，接近，靠拢。

【译文】

孔子说："君子对于天下，既不胶着，也不厌弃，只要合乎义就行。"

【原文】

（十一）子曰："君子怀德，小人怀土①；君子怀刑②，小人怀惠③。"

【注释】

①土：乡土。②刑：法度。③惠：私利。

【译文】

孔子说："君子怀恋德行，小人怀恋乡土；君子崇尚法制，小人崇尚实惠。"

【原文】

（十二）子曰："放于利而行①，多怨②。"

【注释】

①放（fǎng）于利而行：依照个人的私利去做。放，依照。②多怨：招致怨恨。

【译文】

孔子说："只着眼于有利才做，就会积怨丛生。"

【原文】

（十三）子曰："能以礼让为国乎[①]？何有[②]？不能以礼让为国，如礼何[③]？"

【注释】

①能以礼让为国：能用礼让来治理国家。②何有：有何困难？春秋时的常用语。③如礼何：拿礼怎么样呢？意思是不能实行礼。孔子认为不用礼让治理国家，礼只是形式，不能起作用。

【译文】

孔子说："能用礼让治理国家吗？有什么不能呢？如果不能用礼让来治理国家，那还要礼有什么用？"

【原文】

（十四）子曰："不患无位，患所以立。不患莫己知[①]，求为可知也[②]。"

【注释】

①莫己知：即"莫知己"。没有人知道我。②求为可知：要求自己做可以使别人知道的事情。

【译文】

孔子说："不怕没有职位，只怕自己没有占据这位子的本领。不怕没有人知道自己，而是要做到掌握可让人知道的本领。"

【原文】

（十五）子曰："参乎[①]！吾道一以贯之[②]。"曾子曰："唯[③]。"子出。门人问曰："何谓也？"曾子曰："夫子之道，忠恕而已矣[④]。"

【注释】

①参（shēn）：曾子的名。②吾道一以贯之：我的学说用一条根本的原则贯通。一以，即“以一”。贯，贯穿，贯通。③唯：是的。答应的话。④忠：真挚，诚恳。自己想做的事让别人也去做。恕：宽容待人。自己不愿做的事，也不让别人去做。

【译文】

孔子说：“参啊！我的学说由一点贯穿始终。”曾子说：“是。”先生出去后，其他同学问：“什么意思啊？”曾子说：“先生的学说，就是‘忠’和‘恕’啊。”

【原文】

（十六）子曰：“君子喻于义[1]，小人喻于利[2]。”

【注释】

①喻：明白，懂得。义：合乎伦理道德的行为准则。②利：个人的欲望。

【译文】

孔子说：“君子明了的是义，小人明了的是利。”

【原文】

（十七）子曰：“见贤思齐焉[1]，见不贤而内自省也[2]。”

【注释】

①齐：看齐。②内自省（xǐng）：内心里自己反省（有没有和他一样的毛病）。省，反省，检查。

【译文】

孔子说：“看到优秀的人就向他看齐，看到较差的人就对照着他来反省自己。”

【原文】

（十八）子曰："事父母几谏[①]。见志不从，又敬不违[②]，劳而不怨[③]。"

【注释】

①事父母几谏：侍奉父母，（父母如有不对）委婉地劝说。几，轻微，婉转。②又敬不违：仍然恭敬不触犯他们。③劳而不怨：忧虑而不怨恨。劳，忧虑。

【译文】

孔子说："侍奉父母，当他们有过失时，要婉言相告。意思表达清楚了，却没有被接纳，也仍应该尊敬他们，不要违逆，为此忧心劳力也不要怨恨。"

【原文】

（十九）子曰："父母在，不远游[①]，游必有方。"

【注释】

①远游：远离家乡去求学求职。

【译文】

孔子说："父母健在时，不要远离。如果非要远离，就一定要有明确的方向。"

【原文】

（二十）子曰："三年无改于父之道，可谓孝矣[①]。"

【注释】

①见《学而》篇第十一章。

【译文】

孔子说："三年内，如果他的行事依然和父亲的相同，也就可算是孝了。"

【原文】

（二十一）子曰："父母之年[①]，不可不知也。一则以喜[②]，一则以惧。"

【注释】

①年：年龄。②一则以喜：一方面因为（高寿）而高兴。以，因为。

【译文】

孔子说："父母的年龄，不能不清楚。一方面为此感到高兴，一方面为此感到惊惧。"

【原文】

（二十二）子曰："古者言之不出，耻躬之不逮也[①]。"

【注释】

①耻躬之不逮：因做不到自己所说的而感到羞耻。耻，以……为耻。形容词的意动用法。逮，赶上。行动赶不上自己的语言。

【译文】

孔子说："古人之所以少有宣言，是深以那说到做不到为耻辱啊。"

【原文】

（二十三）子曰："以约失之者鲜矣[①]。"

【注释】

①以约失之者鲜（xiǎn）矣：因约束自己而犯错误的人很少。约，约束。失，过失。鲜，少。

【译文】

孔子说："因检点谨慎而出差错的太罕见了。"

【原文】

（二十四）子曰："君子欲讷于言而敏于行①。"

【注释】

①讷（nè）：说话迟钝，这里指说话谨慎。敏：敏捷。

【译文】

孔子说："君子要语言迟钝而行动敏捷。"

【原文】

（二十五）子曰："德不孤①，必有邻。"

【注释】

①德不孤：有道德的人不孤立。德，有道德的人。

【译文】

孔子说："有道德的人不会孤立，必定有同路人。"

【原文】

（二十六）子游曰："事君数①，斯辱矣②；朋友数，斯疏矣③。"

【注释】

①事君数（shuò）：事奉君主多次进谏。数，屡次，频繁。②斯

辱矣：就要招致侮辱。意思是，进谏不听，还再三进谏，就会招来侮辱。③斯疏矣：就会造成疏远。这句意思是，朋友不听劝告，还再三劝告，就会使朋友疏远。

【译文】

子游说："劝谏君主太过分，就会难堪；劝说朋友太过分，就会生疏。"

公冶长第五

【原文】

（一）子谓公冶长[①]："可妻也[②]。虽在缧绁之中[③]，非其罪也。"以其子妻之[④]。

【注释】

①子谓公冶长：孔子谈论公冶长。公冶长，姓公冶，名长，孔子的学生。②妻（qì）：把女儿嫁给别人。动词。③缧绁（léi xiè）：捆绑犯人的绳子。这里指代监狱。④以其子妻之：（孔子）把自己的女儿嫁给他。子，这里指女儿。

【译文】

孔子在谈到公冶长时说："可以把女儿嫁给他。虽然他曾坐过牢，但不是他的罪过。"于是就把自己的女儿嫁给了他。

【原文】

（二）子谓南容[①]："邦有道，不废[②]；邦无道，免于刑戮[③]。"以其兄之子妻之[④]。

【注释】

①南容：姓南宫，名适（kuò），字子容。孔子的学生。②废：废弃，弃置不用。③免于刑戮：避免遭受刑罚。④以其兄之子妻之：（孔子）把他哥哥的女儿嫁给他。

【译文】

孔子在谈到南容时说："国家有道时，他不会被废弃不用；国家无道时，他也不会被抓被杀。”于是就把兄长的女儿嫁给了他。

【原文】

（三）子谓子贱[①]：“君子哉若人[②]！鲁无君子者，斯焉取斯[③]？”

【注释】

①子贱：姓宓（fú），名不齐，字子贱。孔子的学生。②君子哉若人：即“若人君子哉”这个人真是君子呀！若，此。③斯焉取斯：他从哪里学到这些好品质的。第一个“斯”指代子贱，第二个“斯”指代他的品德。焉，哪里。

【译文】

孔子谈及子贱时说：“真是君子啊，这个人！如果鲁国没有君子的话，他怎么能取得这些好品质呢？”

【原文】

（四）子贡问曰：“赐也何如[①]？”子曰：“女，器也[②]。”曰：“何器也？”曰：“瑚琏也[③]。”

【注释】

①赐也何如：子贡怎么样？赐，子贡的名。②女，器也：你是器具。女，通“汝”，你。器，器物，器具。③瑚琏（hú liǎn）：古代宗庙里祭祀时盛粮食用的器具，上面镶嵌着玉，华美而贵重。孔子以瑚琏比喻子贡，肯定他具有一定的才能，但未达到“君子不器”的境界。

【译文】

子贡问孔子说：“赐怎么样呢？”孔子说：“你，像器具一样。”问：“什么样的器具？”说：“庙堂中的瑚琏。”

【原文】

（五）或曰："雍也仁而不佞[①]。"子曰："焉用佞？御人以口给[②]，屡憎于人。不知其仁[③]，焉用佞？"

【注释】

①雍也仁而不佞（nìng）：冉雍有仁德但没有口才。雍，姓冉，名雍，子仲弓。孔子的学生。佞，有口才，能言善辩。②御人以口给（jǐ）：快嘴利舌顶撞别人。御，防御，抵挡。这里是争辩顶嘴。口给，言词不穷，滔滔不绝。给，足。③不知其仁：孔子不是真的不知冉雍是否有仁德，只是不愿明确表态的一种委婉说法。

【译文】

有人说："雍这个人，虽然有仁德，但没有口才。"孔子说："哪里用得上口才呢？应付人只凭口才，只会屡屡让人厌恶。不知道他是否有仁德，但何须有口才呢？"

【原文】

（六）子使漆雕开仕[①]，对曰："吾斯之未能信[②]。"子说[③]。

【注释】

①漆雕开：姓漆雕，名开，字子若。孔子的学生。仕：做官。②斯之未能信：即"未能信斯"。对这件事没有信心。之，宾语前置的标志词。③说：同"悦"。高兴，愉快。

【译文】

孔子让漆雕开去从政，漆雕开回答说："我对此事还没有把握。"孔子听了很高兴。

【原文】

（七）子曰："道不行，乘桴浮于海[①]，从我者[②]，其由与[③]！"子路闻之喜。子曰："由也好勇过我，无所取材[④]。"

【注释】

①桴（fú）：渡河用的筏子。②从：跟随。③其由与：大概只有子路吧。其，大概。由，子路的名。与，疑问语气词。④材：通“裁”。裁度事理。

【译文】

孔子说：“学说不能施行，乘着木筏漂流海外，能跟随我的怕只有子路了吧！”子路听了这话很兴奋。孔子说：“由啊！你的奋勇超过了我，可哪里去找做木筏的材料呢。”

【原文】

（八）孟武伯问①：“子路仁乎？”子曰：“不知也②。”又问。子曰：“由也，千乘之国，可使治其赋也③，不知其仁也。”“求也何如？”子曰：“求也，千室之邑④，百乘之家⑤，可使为之宰也⑥，不知其仁也。”“赤也何如？”子曰：“赤也⑦，束带立于朝⑧，可使与宾客言也，不知其仁也。”

【注释】

①孟武伯：姓孟孙，名彘（zhì），“武”是谥号。孟孙氏是鲁国执政的三家之一。②不知：这里指孔子不是真的不知，而是不想在这方面进行评论。③可使治其赋：可以使子路管理兵役和军政工作。④千室之邑：一千户人家的城镇。邑，庶民聚居地。⑤家：诸侯分封给卿大夫由卿大夫管理并收用当地租税的地方叫采邑，也叫家。⑥可使为之宰：可以让他去做那里的总管。之，指代“千室之邑”“百户之家”。宰，大夫家的总管，一个城邑的长官也叫“宰”。⑦赤：姓公西，名赤，字子华。孔子的学生。⑧束带立于朝：穿好礼服站在朝廷。束带，束紧衣带。

【译文】

孟武伯问：“子路仁吗？”孔子说：“不知道啊。”再问。孔子说：“由嘛，在一个拥有上千辆战车的国家，可以让他主管军政，但不知道他是否仁啊。”又问：“冉有怎么样?”孔子说：“求嘛，拥有上千户人家的都邑，或拥有百辆战车的大夫封地，可以让他任总管，但不知道他是否仁啊。”又问：“公西华怎么样?”孔子说：“赤嘛，盛装侍立在君主身旁，和来宾交谈应对还行，但不知道他是否仁啊。”

【原文】

（九）子谓子贡曰：“女与回也孰愈[①]?”对曰：“赐也何敢望回[②]? 回也闻一以知十，赐也闻一以知二。”子曰：“弗如也[③]，吾与女弗如也[④]。”

【注释】

①女与回也孰愈：你和颜回哪一个更强。女，通“汝”，你。回，颜回。孰，谁，疑问代词，表示选择。愈，更好，更强。②赐也何敢望回：我怎么敢和颜回相比。赐，子贡的名。③弗（fú）：不。④与：赞同。动词。

【译文】

孔子对子贡说：“你和颜回谁更强一些?”子贡回答说：“赐怎么敢和回去比呢? 回呢，闻一知十。赐呢，闻一知二。”孔子说：“不如啊，我同意你说的，你不如他。”

【原文】

（十）宰予昼寝[①]。子曰：“朽木不可雕也，粪土之墙不可杇也[②]。于予与何诛[③]?”子曰：“始吾于人也，听其言而信其行；今吾于人也，听其言而观其行。于予与改是。”

【注释】

①昼寝：白天睡觉。②杇（wū）：通“圬”。用泥抹墙。这里指粉刷。③于予与何诛：对于宰予这种人有什么值得责备的。与，语气词，表停顿。

【译文】

宰予白天睡觉。孔子说："朽烂的木头不能雕凿，粪土一样的墙壁不能修整。对于宰予，我还能责备什么呢?"孔子又说："以前我对人，听他怎么说就信他怎么做。现在我对人，是听他怎么说看他怎么做。是宰予让我有了这种改变。"

【原文】

（十一）子曰："吾未见刚者[①]。"或对曰："申枨[②]。"子曰："枨也欲，焉得刚[③]?"

【注释】

①刚者：刚毅的人。②申枨（chéng）：姓申，名枨，字周。孔子的学生。③孔子认为欲望太多的人就不会刚毅。

【译文】

孔子说："我还没见过刚毅的人。"有人就回答说："申枨不就是吗。"孔子说："申枨是一个有着过多欲望的人，怎么能算刚毅呢?"

【原文】

（十二）子贡曰："我不欲人之加诸我也[①]，吾亦欲无加诸人。"子曰："赐也，非尔所及也[②]。"

【注释】

①我不欲人之加诸我：我不愿意（做）别人加在我身上的事。之，取消句子的独立性。诸，"之于"的合音。②非尔所及也：不是你能做到的。尔，你。及，达到，做到。

【译文】

子贡说："我不希望别人强加给我什么，我也不希望强加给别人什么。"孔子说："赐啊，这并非你所能做到的啊。"

【原文】

（十三）子贡曰："夫子之文章[①]，可得而闻也；夫子之言性与天道[②]，不可得而闻也。"

【注释】

①文章：指孔子传授的有关诗、书、礼、乐等典籍的学问。②性：人的本性。天道：天命。主宰人类命运的各种规律。

【译文】

子贡说："先生讲诗书礼乐等，可以听到；先生讲人性和天道，就很难听到了。"

【原文】

（十四）子路有闻，未之能行，惟恐有闻[①]。

【注释】

①有：又。子路听到了道理就要实行，前边听到的还没实行，恐怕又听到新的道理。

【译文】

子路一旦获得新知，在还未能实践它之前，惟恐再获得新知。

【原文】

（十五）子贡问曰："孔文子何以谓之'文'也[①]？"子曰："敏而好学，不耻下问，是以谓之'文'也。"

【注释】

①孔文子何以谓之"文"：孔文子凭什么谥他为"文"？孔文子，孔圉（yù），卫国的大夫。"文"是谥号。谥号是人死后根据他一生的表现加的号。"文"有美、善的意思。

【译文】

子贡问道："孔文子凭什么称他作'文'呢？"孔子说："他聪敏好学，不把向不如自己的人请教看做耻辱。因此，便称他作'文'啊。"

【原文】

（十六）子谓子产[①]："有君子之道四焉：其行己也恭[②]，其事上也敬，其养民也惠，其使民也义。"

【注释】

①子谓子产：孔子评论子产。子产，姓公孙，名侨，字子产。郑国人，做过郑简公、郑定公的宰相，执政二十二年，春秋时杰出的政治家。②其行己也恭：他自己的行为谦逊。

【译文】

孔子谈到子产时说："他有君子的四种品行：自我言行恭谨，对待上级敬重，养助百姓落在实处，使用民众合乎正道。"

【原文】

（十七）子曰："晏平仲善与人交[①]，久而敬之。"

【注释】

①晏平仲善与人交：晏平仲善于与人交朋友。晏平仲，姓晏，名婴，字仲，"平"是谥号，曾任齐景公的宰相。

【译文】

孔子说："晏平仲善于和人交往，时间越长而敬意越深。"

【原文】

（十八）子曰："臧文仲居蔡，山节藻棁[①]，何如其知也[②]？"

【注释】

①臧文仲居蔡，山节藻棁（zhuó）：臧文仲收藏了一只大龟在雕刻着山形的斗栱和画有花草图形的短柱的房子里。臧文仲，姓臧孙，名辰，鲁国的大夫。居，居住，使居住。这里是收藏的意思。蔡，蔡国产的一种大乌龟，古人用龟壳占卜。山节，刻成山形的斗拱。藻棁，画着花草图案的短柱。②知，通“智”，聪明。

【译文】

孔子说：“臧文仲收藏了一只大乌龟，龟房搞得雕梁画栋，他这算是什么样的聪明呢？”

【原文】

（十九）子张问曰：“令尹子文三仕为令尹[①]，无喜色；三已之[②]，无愠色[③]。旧令尹之政，必以告新令尹。何如？”子曰：“忠矣。”曰：“仁矣乎？”曰：“未知，焉得仁？”“崔子弑齐君[④]，陈文子有马十乘[⑤]，弃而违之[⑥]，至于他邦，则曰：‘犹吾大夫崔子也’[⑦]。违之。之一邦[⑧]，则又曰：‘犹吾大夫崔子也。’违之。何如？”子曰：“清矣。”曰：“仁矣乎？”曰：“未知，焉得仁？”

【注释】

①令尹子文三仕为令尹：令尹子文几次担任令尹。令尹，楚国的官名，相当宰相。子文，姓鬬（dòu），名毂於菟（gòu wū tú），字子文。三，多次。②三已之：多次免职。已，免职。③无愠（yùn）色：没有怨恨的神情。④崔子弑（shì）齐君：崔杼杀死齐庄公。崔子，崔杼，齐国的大夫。曾杀死齐庄公。弑，地位低的人杀死地位高的人叫弑。齐君，齐庄公。⑤陈文子：名须无，齐国的大夫。有马十乘：有四十匹马。古代四匹马驾一乘车。一乘四匹马。⑥弃而违之：丢掉了马，离开了齐国。违，背离。⑦犹吾大夫崔子：这里的执政者和我们崔大夫差不多。⑧之：到。

【译文】

子张问道："令尹子文多次被任命为令尹，没有沾沾自喜的样子。多次被罢免，也没有怨恨的神情。自己当政时的政务，一定告诉新令尹。他怎么样？"孔子说："做到了忠。"又问："也算是仁了吧？"回答说："不知道，哪里能说到仁呢？"子张又说："崔杼以下犯上杀了齐君，陈文子有马四十匹，抛下不要出走他国。到了他国，说：'这里的执政者像我国的大夫崔杼。'就又离开了。又到了一国，说：'仍像我国大夫崔杼。'又离开了。这怎么样？"孔子说："做到了清。"又问："也算是仁了吧？"回答说："不知道，哪里能谈到仁呢？"

【原文】

（二十）季文子三思而后行[①]。子闻之。曰："再[②]，斯可矣。"

【注释】

①季文子三思而后行：季文子每次做事考虑多次才去做。季文子，姓季孙，名行父，鲁国大夫。三，多次。②再：两次。

【译文】

季文子每遇事都要再三斟酌才行动。孔子听说后，说："两次，就足可以了。"

【原文】

（二十一）子曰："宁武子[①]，邦有道则知[②]；帮无道则愚[③]。其知可及也，其愚不可及也。"

【注释】

①宁武子：姓宁，名俞，"武"是谥号，卫国大夫。②邦有道则知：国家政治清明他就聪明。知，通"智"。③愚：装傻。

【译文】

孔子说："宁武子这个人，国家有道就才智照人；国家无道就混沌痴愚。他的才智人们可以企及，他的痴愚却无人可比。"

【原文】

（二十二）子在陈[①]，曰："归与！归与！吾党之小子狂简[②]，斐然成章[③]，不知所以裁之[④]。"

【注释】

①陈：国名。约在今河南东部和安徽北部一带。②吾党之小子狂简：我们在鲁国的学生志向大而行为粗略。狂，志向大。简，行为粗略。③斐（fěi）然：有文采的样子。④裁：裁制，节制。

【译文】

孔子在陈地时，感慨说："回去吧！回去吧！我家乡的弟子们，志向高远但行为狂妄，文采灿烂可观，但却不知道如何自我节制。"

【原文】

（二十三）子曰："伯夷、叔齐不念旧恶[①]，怨是用希[②]。"

【注释】

①伯夷、叔齐：孤竹君的两个儿子，他们的父亲死后，俩人因为互相让位逃离国家。后来周朝灭了商，他们认为吃周朝的粮食可耻，隐居在首阳山采薇度日，最后饿死在首阳山。恶：怨恨。②是用：即"用是"，因此。希：通"稀"，少。

【译文】

孔子说："伯夷，叔齐不念旧恶，因此也就少有积怨了。"

【原文】

（二十四）子曰："孰谓微生高直[①]？或乞醯焉[②]，乞诸其邻而与之[③]。"

【注释】

①微生高：姓微生，名高，鲁国人。直：直爽。②或乞醯（xī）焉：有人向他家要一点醋。醯，醋。③乞诸其邻而与之：他向邻居讨了醋给了那人。诸，"之于"的合音。

【译文】

孔子说："谁说微生高坦诚？有人向他讨点醋，他就从邻居家转借来给他，而不能直说自己没有。"

【原文】

（二十五）子曰："巧言、令色、足恭[①]，左丘明耻之[②]，丘亦耻之。匿怨而友其人[③]，左丘明耻之，丘亦耻之。"

【注释】

①巧言、令色、足恭：说好听的话，装出讨人喜欢的面孔，过分的恭敬。足，十足。②左丘明：鲁国人，一般认为是《左传》的作者。③匿怨而友其人：隐藏起对别人的怨恨，表面装出友好的样子。

【译文】

孔子说："花言巧语，一脸媚态，格外谦卑，左丘明认为可耻，我也同样认为可耻。心存怨恨，但却依然做出友爱那人的样子，左丘明认为可耻，我也同样认为可耻。"

【原文】

（二十六）颜渊、季路侍[①]。子曰："盍各言尔志[②]？"子路曰："愿车马衣轻裘与朋友共[③]，敝之而无憾[④]。"颜渊曰："愿无伐善[⑤]，无施劳[⑥]。”子路曰：“愿闻子之志。”子曰：“老者安之，朋友信之，少者怀之。”

【注释】

①季路：即子路。侍：陪伴站在长者的旁边。②盍（hé）：何不。尔：你们。③轻：应删去，是转抄中误加的字。裘：皮衣。④敝：坏，破。憾：抱怨。⑤伐善：夸耀自己的长处。伐，夸耀。⑥施劳：表明自己的功劳。施，夸耀，表白。

【译文】

颜渊和子路侍立一旁。孔子说：“何不各自谈谈你们的志向？”子路说：“我愿把自己的好车好马好衣服和朋友共享，直到破了旧了我也不遗憾。”颜渊说：“我愿有善行而不自夸，为人辛劳而不张扬。”子路说：“希望听一听先生的志向。”孔子说：“我希望能使老人得到安乐，和朋友交往有诚信，让孩子们怀恋思念。”

【原文】

（二十七）子曰：“已矣乎[①]！吾未见能见其过而内自讼者也[②]。”

【注释】

①已矣乎：算了吧。已，止。②内自讼：内心里责备自己。讼，责备。

【译文】

孔子说：“唉，算了吧！我还没有见到过既能认识到自己的过错，而又能从内心里对自己进行反省自责的人。”

【原文】

（二十八）子曰：“十室之邑[①]，必有忠信如丘者焉，不如丘之好学也。”

【注释】

①十室之邑：十户人居住的地方。十室，是说城邑很小，不一定确指十户人家。

【译文】

孔子说："即使在十户人家的小镇上，也必定有像我这样忠诚信守的人，只是不能像我一样好学罢了。"

雍也第六

【原文】

（一）子曰："雍也可使南面[①]。"

【注释】

①雍也可使南面：冉雍可以让他做官。雍，姓冉，名雍，字仲弓，孔子的学生。南面，面朝南。古时认为坐北朝南是尊贵的位置，天子、诸侯、卿大夫坐堂听政都是面朝南。这里指卿大夫一类的官。

【译文】

孔子说："雍啊，可以让他处在坐北朝南的位置上。"

【原文】

（二）仲弓问子桑伯子[①]，子曰："可也，简[②]。"仲弓曰："居敬而行简[③]，以临其民[④]，不亦可乎？居简而行简，无乃大简乎[⑤]？"子曰："雍之言然[⑥]。"

【注释】

①子桑伯子：鲁国人，有人认为是《庄子》中的子桑户，未必可靠。②简：简约，不烦琐。③居敬而行简：有严肃认真的态度而且办事简约。④以临其民：用这样的办法来治理百姓。临，面临，这里是治理的意思。⑤无乃大简乎：岂不是太简单了吗？无乃，岂不是。大，同"太"。⑥然：对的，是的。

【译文】

仲弓问子桑伯子怎样，孔子说："还可以，很简约。"仲弓说：

"心存敬畏而行事从简，用此来治理百姓，不也是可行的吗？但心存轻简而又行事从简，岂不是太简率了吗？"孔子说："你说得对。"

【原文】

（三）哀公问："弟子孰为好学？"孔子对曰："有颜回者好学①，不迁怒②，不贰过③。不幸短命④死矣。今也则亡⑤，未闻好学者也。"

【注释】

①颜回：即颜渊。②迁：转移。③贰过：重犯过失。贰，重复。④短命：颜回死时仅三十一岁。⑤亡：通"无"，没有。

【译文】

哀公问说："你的弟子中谁最好学呢？"孔子回答说："颜回最好学，他从不迁延怒气，不犯同样的过失。只是不幸短命死了。现在再没有了，我还没听说谁是好学的。"

【原文】

（四）子华使于齐①，冉子为其母请粟②。子曰："与之釜③。"请益④，曰："与之庾⑤。"冉子与之粟五秉⑥。子曰："赤之适齐也⑦，乘肥马，衣轻裘⑧。吾闻之也：君子周急不继富⑨。"

【注释】

①子华：即公华赤。使：出使。②冉子：即冉有。粟（sù）：谷子，小米。③釜（fǔ）：古代量器名，合六斗四升。④益：增加。⑤庾（yǔ）：古代量器名，合二斗四升。⑥与之粟五秉：给她八百斗谷子。与，给。秉，古代量器名，十六斛（hú）为一秉，十斗为一斛。⑦适：往，去。⑧衣（yì）：穿。动词。⑨周急不继富：救济有急需的穷人不增益富人的富有。急，急迫，穷困。继，增益。

【译文】

子华出使齐国时，冉子替他的母亲去要粮米。孔子说："给一釜吧。"冉子请求增加，孔子说："再加一庾吧。"结果冉子给了五秉。孔子说："赤这次出使齐国，乘着肥马驾的车，穿着上等皮裘。我曾听说：君子救急不添富啊。"

【原文】

（五）原思为之宰①，与之粟九百②，辞。子曰："毋③！以与尔邻里乡党乎④！"

【注释】

①原思为之宰：原思做孔子家的总管。原思，姓原，名宪，字子思，孔子的学生。宰，大夫家的总管。②此处无计量单位，有说是斛的。③毋：不要。④邻里乡党：都是古代行政区域。五户为邻，二十五户为里，一万二千五百户为乡，五百户为党。这里指邻居乡亲。

【译文】

原思在孔子家中任总管时，孔子给他九百斛谷米，原思辞谢。孔子说："不要拒绝！可以给你的邻里和乡党啊！"

【原文】

（六）子谓仲弓，曰："犁牛之子骍且角①，虽欲勿用②，山川其舍诸③？"

【注释】

①犁牛之子骍（xīng）且角：耕牛生的小牛毛皮是红色的而且两只角很端正。犁牛，耕牛。据说仲弓的父亲地位低贱，这里用犁牛比喻仲弓的父亲，用犁牛之子比喻仲弓。骍，红色毛皮的牛马。周朝以红色为贵重，祭祀用红色毛皮的牛。角，这里指两角长得端王。②虽欲勿用：虽然不想用它去祭祀。用，祭祀。③山川其舍诸：山川之神难道会舍弃它吗？山川，山川之神。其，难道。诸，"之乎"的合音。

【译文】

孔子谈到仲弓时，说："虽然生自耕牛，但却浑身通红，两角周正，即使不想用它做祭祀的牺牲，但山川之神能舍弃它吗？"

【原文】

（七）子曰："回也，其心三月不违仁①，其余则日月至焉而已矣②。"

【注释】

①其心三月不违仁：他的思想长期地不离开仁德。三月，表示较长的时间。②其余：其余的学生。日月：短时期。

【译文】

孔子说："回啊！他的心长时间都不会违背仁的，而其他人只能在短时间内做到仁罢了。"

【原文】

（八）季康子问："仲由可使从政也与①？"子曰："由也果②，于从政乎何有③？"曰："赐也可使从政也与？"曰："赐也达④，于从政乎何有？"曰："求也可使从政也与？"曰："求也艺⑤，于从政乎何有？"

【注释】

①仲由可使从政也与：仲由可以让他治理政事吗？与，通"欤"，语气词。②果，果断。③何有：即"有何"。有什么困难呢。④达：通情达理。⑤艺：多才多艺。

【译文】

季康子问道："仲由可让他从政吗？"孔子说："由很决断，从政有什么不行呢？"又问："赐可让他从政吗？"回答说："赐通情达理，从政有什么不行呢？”又问：“求能从政吗？”回答说：“求多才多艺，从政有什么不行呢？”

【原文】

（九）季氏使闵子骞为费宰[①]。闵子骞曰：“善为我辞焉[②]！如有复我者[③]，则吾必在汶上矣[④]。”

【注释】

①季氏使闵（mǐn）子骞（qiān）为费宰：季氏让闵子骞做费城的长官。闵子骞，姓闵，名损，字子骞。孔子的学生。费，季氏的采邑，在今山东费县西北。②善为我辞焉：好好替我推辞。③复我：再来召我。④汶（wèn）：汶水，在山东，当时流经鲁国和齐国之间。在汶上，指从鲁国逃到齐国。季氏不忠于鲁国国君，所以闵子骞坚决不去他家做官。

【译文】

季氏派人请闵子骞出任费城总管。闵子骞说：“请千万替我谢绝。如果再有来找我的，那我必定会在汶水北岸的。”

【原文】

（十）伯牛有疾[①]，子问之，自牖执其手[②]，曰：“亡之，命矣夫！斯人也而有斯疾也[③]！斯人也而有斯疾也！”

【注释】

①伯牛：姓冉，名耕，字伯牛，孔子的学生。②牖（yǒu）：窗户。③斯人也而有疾也：这样人也有这样的疾病。

【译文】

伯牛有病，孔子去探望他，从窗户上拉着他的手，说：“不该得这病啊，真是命啊。这样的人竟有这样的病！这样的人竟有这样的病！”

【原文】

（十一）子曰："贤哉，回也[①]！一箪食[②]，一瓢饮，在陋巷，人不堪其忧[③]，回也不改其乐。贤哉，回也！"

【注释】

①贤哉，回也：即"回也，贤哉"，颜回贤能呀。②箪（dān）：古代盛饭的圆形竹筐。③堪：忍受，受不了。

【译文】

孔子说："多么贤能啊，颜回！一盒饭，一瓢水，住在穷巷陋室中，其他人无法忍受这烦恼，但回却不改其快乐。真是贤德啊，回！"

【原文】

（十二）冉求曰："非不说子之道[①]，力不足也。"子曰："力不足者，中道而废[②]，今女画[③]。"

【注释】

①说：同"悦"，高兴，喜欢。②中道：中途。③今女画：现在你先划定了一个界限而停止不前了。女，通"汝"，你。画，划定一个界限。

【译文】

冉求说："不是不爱先生的学说，只是力量不足啊。"孔子说："之所以力量不足，是由于半途而废。现在，你就是这样止步不前的。"

【原文】

（十三）子谓子夏曰："女为君子儒[①]，无为小人儒。"

【注释】

①女为君子儒：你要做一个有道德修养的学者。女，通"汝"，你。儒：儒生，学者。

【译文】

孔子对子夏说："你要成为一个学有所成的君子，而不要成为一个学有所成的小人。"

【原文】

（十四）子游为武城宰[①]。子曰："女得人焉耳乎？"曰："有澹台灭明者[②]，行不由经[③]，非公事，未尝至于偃之室也[④]。"

【注释】

①子游：姓言，名偃，字子游。孔子的学生。武城：鲁国的城邑，在今山东费县境内。宰：县长。②澹（dàn）台灭明：姓澹台，名灭明，字子羽，后为孔子的学生。③径：小路，这里指邪路。④偃：言偃。

【译文】

子游担任武城主官。孔子说："你在那儿得到可用的人了吗？"回答说："有个叫澹台灭明的，他从不走捷径小道，不是公事，从不到我屋里来。"

【原文】

（十五）子曰："孟之反不伐[①]，奔而殿[②]，将入门，策其马[③]，曰：'非敢后也，马不进也[④]。'"

【注释】

①孟之反不伐：孟之反不夸耀自己。孟之反，鲁国大夫。伐，夸耀。②奔而殿：败退时他在最后掩护全军。奔，打败仗溃退。殿，在最后，这里指在最后掩护全军撤退。③策：鞭打。④这两句正表现了孟之反不夸功、谦逊的品格。

【译文】

孔子说："孟之反从不自夸，随军败退时他勇敢殿后，进入城门时却扬鞭打马，说："并不是我敢殿后，而是这马跑不到前面啊。"

【原文】

（十六）子曰：“不有祝鮀之佞[①]，而有宋朝之美[②]，难乎免于今之世矣[③]。”

【注释】

①不有祝鮀（tuó）之佞（nìng）：如果没有祝鮀的口才。不有，假如没有。祝鮀，字子鱼，卫国大夫，能言善辩。佞，有口才。②朝：宋国的公子，容貌很美。③免：免祸。

【译文】

孔子说：“一个人，如果没有祝鮀的口才，而只有宋朝的俊美，在当今这个世道，要想幸免太难了。”

【原文】

（十七）子曰：“谁能出不由户[①]？何莫由斯道也[②]？”

【注释】

①户：门。②何莫由斯道也：为什么没有人走这条仁义之路呀？莫，没有人。斯道，这条路，这里比喻仁义之道。

【译文】

孔子说：“谁能不从房门进进出出呢？但为什么却无人遵循这仁义大道呢？”

【原文】

（十八）子曰：“质胜文则野[①]，文胜质则史[②]。文质彬彬[③]，然后君子。”

【注释】

①质胜文则野：质地胜过文采显得粗野。质，质地，内容。文，

文采，指形式。②史：浮夸，虚夸。③文质彬彬：既有文采又质朴。彬彬，形容不同种类的物质混杂显得均匀、和谐。

【译文】

孔子说：“内容超过形式，就会显得粗野；形式超过内容，就会显得虚浮。形实相符，这才是君子。”

【原文】

（十九）子曰：“人之生也直[①]，罔之生也幸而免[②]。”

【注释】

①人之生也直：人的生存由于正直。也，句中语气词。②罔（wǎng）：欺骗，不正直。幸：侥幸。免：避免了灾祸。

【译文】

孔子说：“人能生存是由于正直，那些不正直的人也生存下来是由于侥幸避免了灾祸。”

【原文】

（二十）子曰：“知之者不如好之者[①]，好之者不如乐之者。”

【注释】

①知之者不如好之者：懂得某种知识的人不如喜欢这种学问的人。

【译文】

孔子说：“懂得它的不如喜欢它的，喜欢它的不如以它为快乐的。”

【原文】

（二十一）子曰：“中人以上[①]，可以语上也[②]；中人以下，不可以语上也。”

【注释】

①中人：中等水平的人。②上：高深的。

【译文】

孔子说："中等以上的人，可以和他讲高深的东西。中等以下的人，就不能和他讲高深的东西了。"

【原文】

（二十二）樊迟问知[①]，子曰："务民之义[②]，敬鬼神而远之[③]，可谓知矣。"问仁，曰："仁者先难而后获[④]，可谓仁矣。"

【注释】

①樊迟：姓樊，名须，字子迟，孔子的学生。知：通"智"，聪明。②务民之义：专心致力使人民做合理的事。务，专心追求。③远之：疏远它。④难：艰苦。

【译文】

樊迟问什么是智。孔子说："致力于使民做合理的事，对鬼神敬而远之，也就可说是智了。"又问什么是仁。孔子说："有仁德的人艰苦努力在前，获取在后，做到这些，也可说是仁了。"

【原文】

（二十三）子曰："知者乐水[①]，仁者乐山。知者动，仁者静。知者乐，仁者寿。"

【注释】

①知：通"智"，聪明。

【译文】

孔子说："智者喜欢水，仁者喜欢山。智者活跃，仁者沉静。智者快乐，仁者长寿。"

【原文】

（二十四）子曰："齐一变，至于鲁[①]；鲁一变，至于道。"

【注释】

①至：达到。

【译文】

孔子说："齐国一变，就会成为鲁国这样；鲁国一变，就会走治世大道。"

【原文】

（二十五）子曰："觚不觚[①]，觚哉！觚哉！"

【注释】

①觚（gū）不觚：觚不像觚。觚，古代酒器，上圆下方，有四条棱角，后来改为圆形没有棱角，所以孔子叹息"觚不觚"。第二个"觚"名词作动词。

【译文】

孔子说："觚不像觚，还叫什么觚啊！觚啊！"

【原文】

（二十六）宰我问曰[①]："仁者，虽告之曰，'井有仁焉'[②]，其从之也[③]？"子曰："何为其然也？君子可逝也[④]，不可陷也[⑤]；可欺也，不可罔也[⑥]。"

【注释】

①宰我：姓宰，名予，字子我。孔子的学生。②仁：有仁德的人。③从之：跟随着它下去。之，代指落入井中的仁人。④逝：往，这里指往井边设法去救人。⑤陷：陷入井中。⑥罔：愚弄。

【译文】

宰我问道："一个仁人，告诉他说：'井里有一位仁人'，他会照着跳下去吗?"孔子说："为什么要这样做呢? 君子可以去井边救人，但不能自己也陷进去。人可以被欺骗，但不可以被无理愚弄啊。"

【原文】

（二十七）子曰："君子博学于文，约之以礼，亦可以弗畔矣夫[①]!"

【注释】

①亦可以弗畔矣夫：也就可以不至于离经叛道了。畔，通"叛"。矣夫，语气词。

【译文】

孔子说："君子博学各种知识，并用礼来规范它，也就可以不违背正道了吧!"

【原文】

（二十八）子见南子[①]，子路不说[②]。夫子矢之曰[③]："予所否者[④]，天厌之[⑤]！天厌之!"

【注释】

①南子：卫灵公夫人，把持当时卫国的朝政，作风淫乱，名声不好。②说：通"悦"，高兴。③矢：通"誓"，发誓。④予所否者：我如果做了不正当的事。所……者，相当于"假如……的话"，只用于誓词中。否，不是，不对。⑤厌：厌弃。

【译文】

孔子去见南子，子路不高兴。孔子发誓说："我如果做了不该做的，天会厌弃的，天会厌弃的。"

【原文】

（二十九）子曰：“中庸之为德也①，其至矣乎！民鲜久矣②。”

【注释】

①中庸：不偏不倚、守常不变。中庸，是孔子提倡的一种最高的道德标准。②鲜：少。

【译文】

孔子说：“中庸之作为美德，已到了最高境界了吧！但人们缺乏这一美德已很久了啊。”

【原文】

（三十）子贡曰：“如博施于民而能济众①，何如？可谓仁乎？”子曰：“何事于仁！必也圣乎！尧舜其犹病诸②！夫仁者③，己欲立而立人，己欲达而达人。能近取譬④，可谓仁之方也已。”

【注释】

①博施于民而能济众：广博地把好处给人民而且能救济大众。②尧舜其犹病诸：尧舜大概还做不到这一点。尧、舜，传说中的两位上古的圣贤君王。病，忧愁。诸，“之乎”合音。③夫：发语词。④近取譬：从切身的生活中选取例子。

【译文】

子贡说：“一个人，如果能广泛地给予人民并拯救他们，怎么样，可以算是仁了吗？”孔子说：“这哪里仅仅是仁！简直是圣人啊！尧和舜对此还深感不足和遗憾呢！对于有仁德的人来说，自己期望有所成就的就让他人同样有所成就，自己期望达到的就让他人也同样达到。从自身开始，做自己所能做的，这可说是走向仁的途径了。”

述而第七

【原文】

（一）子曰："述而不作①，信而好古②，窃比于我老彭③。"

【注释】

①述而不作：只传述古人著作而不创作。②信而好古：相信、爱好古代的文化。③窃比于我老彭：我私下把自己与老彭相比。老彭，商代的贤大夫彭祖。一说指老子和彭祖。

【译文】

孔子说："继承传授而不去改变创作，忠实并遵从古代文化，我私下里把自己比做老彭。"

【原文】

（二）子曰："默而识之①，学而不厌，诲人不倦②，何有于我哉③？"

【注释】

①默而识（zhì）之：默默地记住所学的知识。识，记住。②诲（huì）：教导，教诲。③何有于我哉：何有，"有何"，有什么呢？

【译文】

孔子说："默默地掌握知识，学习上从不满足，教导他人从不厌倦，对我来说，还有什么呢？"

【原文】

（三）子曰：“德之不修[①]，学之不讲，闻义不能徙[②]，不善不能改，是吾忧也。”

【注释】

①德之不修：品德不培养。②闻义不能徙（xǐ）：听到合义理的事不能全力以赴去做。徙，迁移。

【译文】

孔子说：“品德不能修养，学问不能精进，明知是义行而不去做，不好之处却不能改，这才是我的忧虑啊。”

【原文】

（四）子之燕居[①]，申申如也[②]，夭夭如也[③]。

【注释】

①子之燕居：孔子在家闲居的时候。燕居，安居，闲居。②申申如：衣冠整齐的样子。如，形容词词尾。③夭夭如：态度温和的样子。

【译文】

孔子闲暇的时候，衣着整齐，态度温和，舒畅自如。

【原文】

（五）子曰：“甚矣，吾衰也[①]！久矣，吾不复梦见周公[②]！”

【注释】

①甚矣，吾衰也：即“吾衰也，甚矣”，我衰老的太厉害了。②久矣，吾不复梦见周公：即“吾不复梦见周公，久矣。”周公，姓姬，名旦。周文王的儿子，周武王的弟弟，辅佐武王、成王执掌天下。鲁国的始祖，孔子认为他是圣贤，对他非常崇拜。

【译文】

孔子说："太老了，我已年迈成这样了！很久很久了，我已不再能梦见周公了。"

【原文】

（六）子曰："志于道，据于德，依于仁，游于艺[①]。"

【注释】

①艺：指礼、乐、射、御、书、数六艺。即礼节、音乐、射箭、驾车、写字和算术等知识。是孔子教育学生的知识。

【译文】

孔子说："立志在道上，据守在德上，依存在仁上，致力在艺上。"

【原文】

（七）子曰："自行束脩以上[①]，吾未尝无诲焉。"

【注释】

①束脩（xiū）：十条干肉，古代用来作初次拜见的礼物。脩：干肉，又叫脯。每条脯为一脡（挺），十脡为一束。

【译文】

孔子说："凡带着一束干肉来见我的，我没有不教的。"

【原文】

（八）子曰："不愤不启[①]，不悱不发[②]。举一隅不以三隅反[③]，则不复也。"

【注释】

①不愤不启：不到学生苦苦思索而想不通时不启发他。愤，苦

苦思索而未想通的样子。②不悱（fěi）不发：不到口里想说而不能明确说出来时，不启发他。悱，口里想说而不能明确说出来的样子。③隅（yú）：角落。

【译文】

孔子说："没有求知渴望的，不去启发他；没有到他想说却说不出的时候，不去引导他。举出一点而不能悟知其他三点的，就不再重复了。"

【原文】

（九）子食于有丧者之侧[①]，未尝饱也。

【注释】

①子食于有丧者之侧：孔子在死了亲属的人旁边吃饭。

【译文】

孔子在丧事人家旁进餐，从来没有吃饱过。

【原文】

（十）子于是日哭[①]，则不歌。

【注释】

①子于是日哭：孔子在这一天为吊丧哭过。

【译文】

孔子在这天吊丧时哭过，就不会再唱歌了。

【原文】

（十一）子谓颜渊曰："用之则行，舍之则藏[①]，惟我与尔有是夫[②]！"子路曰："子行三军[③]，则谁与[④]？"子曰："暴虎冯河[⑤]，死而无悔者，吾不与也。必也临事而惧，好谋而成者也。"

【注释】

①舍之则藏：不用我就藏起来。舍，舍弃，不用。②惟我与尔有是夫：只有我和你有这种态度吧。尔，你。是，这种。夫，语气词，相当“吧”。③行三军：指挥军队。行，率领，指挥。三军，古代大国有三军，每军一万二千五百人，这里指全军。④谁与：和谁一起。与，一起，共同，动词。⑤暴虎冯（píng）河：赤手空拳与老虎搏斗，不用船只徒步过河。冯，通“凭”。

【译文】

孔子对颜渊说：“用就施行，不用就收藏，恐怕只有我和你能这样了！”子路问：“先生如果执掌三军军务，会和谁共事？”孔子说：“赤手搏虎，徒步过河，死也不怕的人，我不会和他共事的。要则必定是这样的：遇事格外谨慎小心，善于谋划而后再做决定的。”

【原文】

（十二）子曰：“富而可求也[①]，虽执鞭之士[②]，吾亦为之。如不可求，从吾所好。”

【注释】

①而：如果。②虽执鞭之士：即使拿着鞭子为当官人开路的差役。

【译文】

孔子说：“富足如果可以追求，即使像拿着鞭子为长官开道的这样的事，我也去做它。如果不可以去追求，我还是做我喜欢的吧！”

【原文】

（十三）子之所慎：齐[①]，战[②]，疾。

【注释】

①齐：通“斋”，斋戒。古代祭祀前要沐浴，戒荤，穿戴干净衣服，来表示虔诚，叫做斋戒。②战：战争。

【译文】

孔子所慎重对待的是：斋戒，战争，疾病。

【原文】

（十四）子在齐闻《韶》[①]，三月不知肉味[②]，曰："不图为乐之至于斯也[③]。"

【注释】

①《韶》：舜时的乐曲。②三月不知肉味：很长时间吃不出肉的味道。三月，泛指长时间。③不图为乐之至于斯也：没想到舜时创作的音乐就达到了这样的境界。斯，这样。

【译文】

孔子在齐国听了《韶》乐后，三个月不知肉的味道。说："从未想到音乐能美到这种境地。"

【原文】

（十五）冉有曰："夫子为卫君乎[①]？"子贡曰："诺[②]，吾将问之。"入曰："伯夷、叔齐何人也？"曰："古之贤人也。"曰："怨乎？"曰："求仁而得仁[③]，又何怨？"出曰："夫子不为也。"

【注释】

①为：帮助。卫君：卫出公蒯辄，蒯辄是卫灵公的孙子，太子蒯聩的儿子。蒯聩得罪了卫灵公的夫人南子，被逐出卫国逃到晋国，卫灵公死后，蒯辄继位。晋国为侵略卫国，送蒯聩回卫国与蒯辄争夺君位。蒯辄父子俩争夺君位，与伯夷、叔齐兄弟俩相让君位形成鲜明的对照，从孔子对伯夷、叔齐的评价，可以看出孔子对蒯辄的态度。②诺：答应的声音。③求仁而得仁：孔子认为伯夷、叔齐互让君位是为求仁，他们这样做已得了仁，即使最终饿死了，也不会有怨恨。

【译文】

冉有说："我们先生将会帮助卫国国君吗?"子贡说："可能。我去问问看。"进去后，问："伯夷和叔齐是怎样的人啊?"孔子说："古代的贤人啊。"又问："他们怨恨吗?"回答说："追求仁德而得到了仁德，还有什么可怨恨的呢?"于是子贡就退了出来，告诉冉有说："我们先生不会这么做的。"

【原文】

（十六）子曰："饭疏食①，饮水，曲肱而枕之②，乐亦在其中矣。不义而富且贵，于我如浮云。"

【注释】

①饭疏食：吃粗糙的食物。饭，吃，名词作动词。②曲肱（gōng）而枕之：把胳膊弯曲起来当枕头枕着。肱，从肩到肘的部分，也泛指胳膊。枕，枕着，动词。

【译文】

孔子说："吃粗粮，喝淡水，曲起胳膊当枕头，快乐也就包含在这一切中了。那不合义理的富足和高贵，对我来说，就像天边的浮云一样。"

【原文】

（十七）子曰："加我数年，五十以学《易》①，可以无大过矣。"

【注释】

①《易》：又称《周易》或《易经》，古代一部占卜的书。

【译文】

孔子说："再给我几年时间，让我五十岁的时候去学《易》，就可以没有大的过失了。"

【原文】

（十八）子所雅言[①]，《诗》、《书》、执礼，皆雅言也。

【注释】

①雅言：当时中原通行的语言，相当现在的普通话。孔子平时用鲁国的方言讲话，读《诗》、《书》和赞礼则用雅言。

【译文】

孔子用雅言是在读《诗经》、《尚书》时，还有是在主持礼仪活动时。所有这些，都用的是雅言。

【原文】

（十九）叶公问孔子于子路[①]，子路不对。子曰："女奚不曰[②]：其为人也，发愤忘食，乐以忘忧，不知老之将至云尔[③]。"

【注释】

①叶（shè）公：姓沈，名诸梁，字子高，楚国大夫，封地在叶城故称叶公。②女：通"汝"。奚：为什么。③云尔：如此罢了。云，如此。尔，通"耳"，罢了，而已。

【译文】

叶公问子路孔子为人怎样，子路没有说。孔子说："你怎么不说：他这个人哪，发愤努力以致都忘了吃饭，因此而快乐以致忘掉了忧愁，竟然连自己就要老了都不知道，如此等等啊。"

【原文】

（二十）子曰："我非生而知之者，好古，敏以求之者也。"

【译文】

孔子说："我并不是一个生来就知道的人，而只是一个追崇古代文化，敏于探求它的人罢了。”

【原文】

（二十一）子不语：怪①，力，乱②，神。

【注释】

①怪：怪异。②乱：叛乱。

【译文】

孔子不谈论的有：怪异，暴力，悖乱，鬼神。

【原文】

（二十二）子曰：“三人行，必有我师焉①。择其善者而从之，其不善者而改之。”

【注释】

①焉：“于此”的合音，在三人中。

【译文】

孔子说：“三个人同行，其中必定有可以作我表率的。发现好的同他看齐，发现不好的就对照改掉。”

【原文】

（二十三）子曰：“天生德于予，桓魋其如予何①！”

【注释】

①桓魋（tuí）：宋国的司马。据《史记》记载，孔子离开卫国去曹国时经过宋国，与弟子在大树下演习礼仪，桓魋想杀死孔子，砍倒大树，孔子于是离开，他的弟子催他快跑，孔子便说：“天生德于予，桓魋其如予何！”

【译文】

孔子说："天把德行赐予我，桓魋他能把我怎么样！"

【原文】

（二十四）子曰："二三子以我为隐乎[①]？吾无隐乎尔。吾无行而不与二三子者，是丘也。"

【注释】

①二三子：你们几个人，孔子这里指他的学生。隐：隐瞒。

【译文】

孔子说："你们大家认为我有什么还隐藏着吗？我没有什么隐藏的啊。我所有的作为没有不和你们在一起的，这就是我啊。"

【原文】

（二十五）子以四教：文，行[①]，忠，信。

【注释】

①行：社会实践。

【译文】

孔子按四项内容教授：典籍文化，社会实践，行为准则忠和信。

【原文】

（二十六）子曰："圣人，吾不得而见之矣；得见君子者，斯可矣[①]。"子曰："善人，吾不得而见之矣，得见有恒者[②]，斯可矣。亡而为有[③]，虚而为盈[④]，约而为泰[⑤]，难乎有恒矣。"

【注释】

①斯：就。②恒：恒心。这里指保持好操守。③亡而为有：没有却

假装有。亡，通“无”。④虚而为盈：空虚却假装充实。⑤约而为泰：穷困却假装富足。约，贫困。泰，宽裕。

【译文】

孔子说：“圣人，我无法见到了，但能见到君子，也就可以了。”孔子说：“善人，我无法见到了，但能见到持之以恒向善的人，也就可以了。没有装有，不满装满，穷困装富足，要持之以恒，真难啊！”

【原文】

（二十七）子钓而不纲①。弋不射宿②。

【注释】

①不纲：不用大绳横断水流来取鱼。纲，网上的大绳，用它系住网横断水流，再用网上生丝系上许多鱼钩来捕鱼叫纲。②弋（yì）不射宿：用带生丝的箭射鸟，却不射已归巢歇息的鸟。弋，用带生丝的箭射。宿，歇栖的鸟。

【译文】

孔子钓鱼时只用单钩而不用排钩，射猎时不射已入巢休息的鸟。

【原文】

（二十八）子曰：“盖有不知而作之者，我无是也①。多闻，择其善者而从之，多见而识之，知之次也②。”

【注释】

①我无是也：我没有这种毛病。是，这。指代“不知而作”。②知之次也：比“生而知之”次一等。次，差一等。

【译文】

孔子说：“可能有虽无知但敢创作的人，我没这种事。多听，选择对的吸取它；多看，并透彻地认知它，和生而知之相比，是差了点。”

【原文】

（二十九）互乡难与言[①]，童子见[②]，门人惑。子曰：“与其进也[③]，不与其退也，唯何甚[④]！人洁己以进，与其洁也，不保其往也[⑤]。”

【注释】

①互乡：地名。据说这个地方的人惯于做坏事，不大讲道理。②童子见：互乡的一个少年受到孔子的接见。③与其进也：赞许他的进步。与，赞许。④唯何甚：何必做得太过分。唯，语气词，无义。⑤保：守，抓住不放。

【译文】

互乡是个让人难以赞许的地方，有个孩子来，孔子见了他，弟子们感到迷惑不解。孔子说：“我赞许他能要求进步，而不是赞许他的不进步，何必做得太过分！一个人为了使自己高尚而来，见他是赞许他的追求，而并不是以此来肯定他的以往啊。”

【原文】

（三十）子曰：“仁远乎哉？我欲仁，斯仁至矣[①]。”

【注释】

①斯仁至矣：仁就可以达到。孔子认为“为仁由己”，只要自己愿意实行仁，仁就可以达到。

【译文】

孔子说：“仁啊仁，你很远很远吗？可是，如果我想要仁，那仁就会到来。”

【原文】

（三十一）陈司败问[①]："昭公知礼乎[②]？"孔子曰："知礼。"孔子退，揖巫马期而进之[③]，曰："吾闻君子不党[④]，君子亦党乎？君取于吴[⑤]，为同姓[⑥]，谓之吴孟子[⑦]。君而知礼，孰不知礼？"巫马期以告。子曰："丘也幸，苟有过，人必知之。"

【注释】

①陈：陈国。司败：即司寇。主管司法的官。②昭公：鲁昭公。姓姬，名裯。③揖巫马期而进之：向巫马期作个揖，请他走近自己。巫马期，孔子的学生。④党：偏袒。⑤取于吴：从吴国娶了夫人。取，通"娶"，娶妻。⑥为同姓：鲁国国君是周公的后代，姓姬。吴国国君是太伯的后代，也姓姬。周代的礼法同姓不能结婚。⑦吴孟子：春秋时代，国君夫人的称号通常是其所生长的国名加她的本姓。鲁娶于吴，这位夫人称号应是吴姬。但这样显然违背了周代"同姓不婚"的礼法，为掩盖真相，故改称她为吴孟子。

【译文】

陈司败问道："昭公知礼吗？"孔子说："知礼。"孔子走后，陈司败恭请巫马期进来，说："我听说君子无偏私，君子也偏私吗？昭公从吴国娶的女子和他同姓，无奈，只好叫她吴孟子。如果说昭公知礼，那哪一个不知礼呢？"巫马期把这些话告诉给孔子。孔子说："我啊，真幸运啊，如果有了过失，人们就一定会知道。"

【原文】

（三十二）子与人歌而善，必使反之[①]，而后和之[②]。

【注释】

①反：反复，重复。②和（hè）：唱和，这里是跟着唱。

【译文】

孔子和人一起唱歌，如果那人唱得好，就一定请那人再唱，然后自己和上去。

【原文】

（三十三）子曰："文，莫吾犹人也[①]。躬行君子[②]，则吾未之有得。"

【注释】

①莫：大约，大概。表示揣测的语气词。②躬行君子：身体力行做一个君子。

【译文】

孔子说："典章文化等，我大约还赶得上一般人。但身体力行做个君子，我还没有达到。"

【原文】

（三十四）子曰："若圣与仁，则吾岂敢！抑为之不厌[①]，诲人不倦，则可谓云尔已矣[②]。"公西华曰："正唯弟子不能学也。"

【注释】

①抑：只是。②云尔：如此。

【译文】

孔子说："如果要说圣和仁，那我怎么敢当！但为此而不断追求，并不知疲倦地教诲他人，则可说是已经如此罢了。"公西华说："这正是我们这些弟子们所无法学到的啊。"

【原文】

（三十五）子疾病[①]，子路请祷[②]。子曰："有诸[③]？"子路对曰："有之。《诔》曰[④]：'祷尔于上下神祇[⑤]。'"子曰："丘之祷久矣[⑥]。"

【注释】

①疾：病。病：病得很重。②祷（dǎo）：祈祷，祷告。③有诸：有这事吗？诸，“之乎”的合音。④诔（lèi）：向鬼神祈祷的文章。⑤祇（qí）：地神。⑥孔子认为自己的言行合于神明，所以说“丘之祷久矣”。

【译文】

孔子有病且加重，子路请求为他祷告。孔子说：“有这做法吗？”子路回答说：“有。《诔》上说：为你向上上下下的神祇祷告。”先生说：“这样的话，我已祷告很久很久了啊。”

【原文】

（三十六）子曰：“奢则不孙①，俭则固②。与其不孙也，宁固。”

【注释】

①孙：通“逊”。②固：简陋，寒碜。

【译文】

孔子说：“铺张奢侈则会不谦让，过分节省则会寒碜。与其不谦让，宁可寒碜点。”

【原文】

（三十七）子曰：“君子坦荡荡①，小人长戚戚②。”

【注释】

①荡荡：宽广的样子。②长：常。戚戚：忧愁的样子。

【译文】

孔子说：“君子的心胸坦荡宽广，无私无畏；小人的胸中充满了欲望，忧心忡忡。”

【原文】

（三十八）子温而励，威而不猛，恭而安①。

【注释】

①恭：庄重。

【译文】

孔子温和而严肃，威严而不暴烈，诚敬而安详。

泰伯第八

【原文】

（一）子曰："泰伯[①]，其可谓至德也已矣。三以天下让[②]，民无得而称焉。"

【注释】

①泰伯：又作太伯。周朝的祖先古公亶父的长子。古公有三个儿子：太伯、仲雍、季历。季历的儿子就是姬昌（后来的周文王）。传说古公预见到姬昌有圣德，想把君位传给幼子季历。长子太伯为实现父亲的愿望，便与二弟仲雍出走，避居于勾吴，使季历和昌顺利继位。昌继位后增强了周的国势，他的儿子姬发（周武王）灭了殷商，统一了天下。②三：泛指多次。

【译文】

孔子说："泰伯，他真可说是达到了仁德的最高境界，多次让出天下，人民简直找不到恰当的词语来称扬他。"

【原文】

（二）子曰："恭而无礼则劳，慎而无礼则葸[①]，勇而无礼则乱，直而无礼则绞[②]。君子笃于亲[③]，则民兴于仁，故旧不遗[④]，则民不偷[⑤]。"

【注释】

①葸（xǐ）：胆怯，害怕。②绞：尖刻、刺人。③君子笃（dǔ）于亲：君子能用深厚的感情对待亲族。笃，忠厚。④故旧不遗：君子不遗弃他的老同事、老朋友。⑤偷：薄。这里指对感情淡薄。

【译文】

孔子说：“恭顺而失礼，就会烦恼；谨慎而失礼，就会胆怯；勇猛而失礼，就会作乱；率直而失礼，就会尖刻。君子如能厚待亲人，则人们就会趋向仁德；不遗弃旧朋老友，则民情就不会淡薄。”

【原文】

（三）曾子有疾[①]，召门弟子曰：“启予足[②]！启予手！《诗》云[③]：‘战战兢兢，如临深渊，如履薄冰’。而今而后，吾知免夫！小子[④]！”

【注释】

①曾子：姓曾，名参，字子舆。孔子的学生。疾：病。②启：通“瞀”，看。③《诗》：三句诗引自《诗经·小雅·小旻》。意思是做人要小心谨慎才能避免灾祸。④小子：对弟子的称呼。

【译文】

曾子得了重病，叫来弟子们说：“看看我的脚，看看我的手。《诗》中说：‘战战兢兢，如临深渊，如履薄冰。’从今以后，我知道可以免于祸害了。小子们！”

【原文】

（四）曾子有疾，孟敬子问之[①]。曾子言曰：“鸟之将死，其鸣也哀；人之将死，其言也善。君子所贵乎道者三：动容貌[②]，斯远暴慢矣[③]；正颜色，斯近信矣；出辞气[④]，斯远鄙倍矣[⑤]。笾豆之事[⑥]，则有司存[⑦]。”

【注释】

①孟敬子：鲁国大夫仲孙捷。问：看望。②动容貌：使自己的容貌严肃。③斯远暴慢：就避免粗暴懈怠。斯，就。暴，急躁，粗暴。慢，懈怠。④出辞气：说话注意言辞和语气。⑤鄙：鄙陋，粗野。

倍：通“背”。背理，错误。⑥笾（biān）豆之事：指祭祀等礼仪方面的具体情况。笾，祭祀典礼时使用的竹编的器皿。豆，祭祀时使用的木制的器皿。⑦有司：主管某方面事务的小官吏。

【译文】

曾子病重，孟敬子去探望他。曾子说道：“鸟要死的时候，它的叫声会很悲切。人要死的时候，他的话会很诚善。君子看重道的有三点：因道而动容，就会远离粗率放肆；因道而正色，就会达到诚信；因道而言谈，就会远离鄙陋谬论。像那些祭祀等礼仪方面的事，则有专人会去负责的。”

【原文】

（五）曾子曰：“以能问于不能，以多问于寡；有若无，实若虚；犯而不校[①]。昔者吾友尝从事于斯矣[②]。”

【注释】

①犯而不校（jiào）：别人冒犯了自己却不计较，校，计较。②吾友：指颜回。

【译文】

曾子说：“以有才能的去求教于没有才能的，以知识多的去求教那知识少的；拥有却像没有，充实却像不充实；受到侵犯也不计较。以前我的朋友就曾努力这样去做。”

【原文】

（六）曾子曰：“可以托六尺之孤[①]，可以寄百里之命[②]，临大节而不可夺也。君子人与[③]？君子人也！”

【注释】

①六尺之孤：未成年的君主。六尺，古代的六尺相当于现在四尺多一些，六尺高还是小孩。孤，孤儿。②百里：指诸侯国。③与：通

“欤”。表疑问的语气词。

【译文】

曾子说：“可以把六尺高的孤儿托付给他，可以把百里方圆的地方的命运交给他，面对生死而不动摇。不正是君子样的人吗？真是君子样的人啊！”

【原文】

（七）曾子曰：“士不可以不弘毅①，任重而道远。仁以为己任②，不亦重乎？死而后已③，不亦远乎？”

【注释】

①弘（hóng）毅：胸怀阔广，性格刚毅。②仁以为己任：即“以仁为己任”。③已：停止。

【译文】

曾子说：“一个士，不能不胸怀远大，性格刚毅。因为他任重而道远。把仁道作为自己的使命，不是非常重大吗？直到死才停止追求，不是非常远吗？”

【原文】

（八）子曰：“兴于诗①，立于礼，成于乐②。”

【注释】

①兴：起。这里是振奋的意思。②成于乐：孔子关于“乐”的内涵离不开礼。他将音乐视为其教育的最后阶段。

【译文】

孔子说：“用诗来振奋，用礼来建树，用乐来完成。”

【原文】

（九）子曰："民可使由之[①]，不可使知之。"

【注释】

①由：从，遵从。

【译文】

孔子说："一般的民众，可以让他们按照着去做，但却不能让他们知道这是为什么。"

【原文】

（十）子曰："好勇疾贫[①]，乱也。人而不仁，疾之已甚[②]，乱也。"

【注释】

①疾：恨。②已甚：太过分。

【译文】

孔子说："崇尚勇武而仇视贫困，将会导致祸乱。对不仁的人，仇视的太过分，也会导致祸乱。"

【原文】

（十一）子曰："如有周公之才之美[①]，使骄且吝，[②]其余不足观也已。"

【注释】

①周公：姓姬，名旦。周文王的儿子，武王的弟弟。曾辅佐成王治理天下，相传他制定了西周礼乐制度。②使：假使，假如。吝：吝啬。

【译文】

孔子说："即使有周公那样好的才能，如果既骄傲又吝啬，那其他的也就不值一看了。"

【原文】

（十二）子曰："三年学，不至于谷[①]，不易得也。"

【注释】

①不至于谷：没有做官的念头。至，通"志"。谷，俸禄。古代用谷米作为官吏的俸禄。

【译文】

孔子说："三年求学，而志向并不转向去寻求官职得到俸禄上，很不容易啊。"

【原文】

（十三）子曰："笃信好学，守死善道，危邦不入，乱邦不居。天下有道则见[①]，无道则隐。邦有道，贫且贱焉，耻也；邦无道，富且贵焉，耻也。"

【注释】

①见（xiàn）：通"现"。

【译文】

孔子说："坚定诚信，好学向上，始终如一，追求至理，危险的国家不去，混乱的国家不留。天下有道则有所作为，天下无道则自我归隐。国家有道，自己却贫贱，这是耻辱；国家无道，自己却富贵，这同样是耻辱。"

【原文】

（十四）子曰："不在其位，不谋其政。"

【译文】

孔子说："不在那位置上，就不参与那位置上的事。"

【原文】

（十五）子曰："师挚之始①，《关雎》之乱②，洋洋乎盈耳哉。"

【注释】

①师挚之始：从太师挚开始演奏。师挚，鲁国的乐师，名叫挚。古代奏乐，开始叫"升歌"，一般由太师演奏。②《关雎》：《诗经·国风》的第一篇。乱：乐曲结尾的一段。乱一般是合乐，像现在的合唱、合奏。

【译文】

孔子说："从太师挚开始演奏，到《关雎》曲终，美妙的音乐荡漾在耳畔。"

【原文】

（十六）子曰："狂而不直①，侗而不愿②，悾悾而不信③，吾不知之矣。"

【注释】

①狂而不直：狂妄而不爽直。这是小人的品性。②侗（tóng）而不愿：幼稚而不朴实。侗，幼稚，无知。愿，谨慎、朴实。③悾悾（kōng）而不信：貌似诚恳却不讲信用。悾悾：诚恳的样子。

【译文】

孔子说："轻狂却不爽直，幼稚却不朴实，貌似诚恳却不讲信誉，我无法了解这些人。”

【原文】

（十七）子曰：“学如不及，犹恐失之。”

【译文】

孔子说：“学起来就像怕赶不上一样，就这样还怕失去了。”

【原文】

（十八）子曰：“巍巍乎①，舜、禹之有天下也②，而不与焉③。”

【注释】

①巍巍乎：高大的样子。②舜、禹：远古的君主。相传他们都是因禅让而即帝位的。③与：参与。在这里有据为私有，享受的意思。

【译文】

孔子说：“巍峨啊，巍峨！舜和禹虽然拥有天下，但却不据为私有。”

【原文】

（十九）子曰：“大哉，尧之为君也！巍巍乎，唯天为大，唯尧则之①。荡荡乎②，民无能名焉③。巍巍乎，其有成功也。焕乎④，其有文章⑤。”

【注释】

①则：效法。②荡荡乎：广大的样子。这里指尧的恩德广大。③名：形容，称赞。④焕：光明的样子。⑤文章：礼仪典章制度。

【译文】

孔子说：“伟大啊！尧之作为君主。巍峨啊，惟有天才能这样高大，惟有尧啊才能和它相称。多么浩荡啊，人民已无法来称颂它了。巍峨啊，他的成就和功绩。灿烂啊，他的礼乐和法度。

【原文】

（二十）舜有臣五人而天下治[①]。武王曰[②]："予有乱臣十人[③]。"孔子曰："才难[④]，不其然乎？唐虞之际[⑤]，于斯为盛[⑥]，有妇人焉[⑦]，九人而已。三分天下有其二[⑧]，以服事殷。周之德，其可谓至德也已矣。"

【注释】

①舜有臣五人：传说是禹、稷、契、皋陶、伯益五人。②武王：周武王，姓姬，名发，周国开国的天子。③乱臣：治国之臣。乱，治理。④才难：人才难得。⑤唐虞：唐尧、虞舜（即尧、舜时代）。⑥于斯：到周武王时代。斯，这，指代周武王说话时。⑦有妇人焉：十人之中还有一位妇女。妇人，相传是指太姒。文王的后妃，武王的母亲，能以德化天下。⑧三分天下有其二：商代末年，周文王的势力已很大。相传当时天下分九州，文王得六州。

【译文】

舜的手下有五位大臣而天下大治。武王说："我有善于治国的大臣十个。"孔子说："人才难得，不正是如此吗？从唐虞时起，到了这时最为兴盛，但其中有位女性，实际上不过九个人罢了。周当时已拥有三分天下中的两分，但依然敬事着殷商。周的美德，可说是美德之最了。"

【原文】

（二十一）子曰："禹[①]，吾无间然矣[②]！非饮食而致孝乎鬼神[③]，恶衣服而致美乎黻冕[④]，卑宫室而尽力乎沟洫[⑤]。禹，吾无间然矣！"

【注释】

①禹：夏国开国的天子。②无间然：无可指责。间，罅隙、缺陷。③菲（fěi）：薄。④黻冕（fú miǎn）：古代祭祀时穿的衣服叫黻。戴的帽子叫冕。⑤沟洫（xù）：沟渠，指农田水利。

【译文】

孔子说："关于禹，我真是无话可说了！他菲薄自己的饮食而尽心孝敬鬼神，他自己穿着破烂的衣服却把祭服做得美上加美，自己的宫室极为简陋却致力于沟壑的治理。禹，我真是无话可说了。"

子罕第九

【原文】

（一）子罕言利与命与仁[①]。

【注释】

①罕：很少。据《论语》中记载，孔子很少谈利和命。谈“仁”却不少。这里说罕言，一方面因“仁”是孔子主张的最高标准，他不敢以仁自居。另一方面也可能确实谈得少，但只要偶尔谈到，弟子便有记载，所以《论语》中出现的孔子谈仁的言论与他平生其他言论相比还是少。

【译文】

孔子很少谈及有关利和命以及仁的话。

【原文】

（二）达巷党人曰[①]：“大哉，孔子！博学而无所成名[②]。”子闻之，谓门弟子曰：“吾何执？执御乎？执射乎？吾执御乎。”

【注释】

①达巷党：里巷的名字。达，地名。巷党，里巷的意思。②无所成名：没有可以树立名声的专长。

【译文】

达巷党人说：“太伟大了，孔子！如此博学但却没有一个能成名的专项。”孔子听了，对弟子们说：“我专攻什么呢？专攻驾术呢？还是专攻射术呢？我就专攻驾术吧。”

【原文】

（三）子曰："麻冕[①]，礼也；今也纯[②]，俭[③]；吾从众。拜下[④]，礼也；今拜乎上[⑤]，泰也[⑥]；虽违众，吾从下。"

【注释】

①麻冕：麻制成的礼帽。做工很细，因而较昂贵。②纯：黑色的丝。③俭：省俭。按照规定，麻冕必须用二千四百缕细麻线织成，很费工。丝质细，容易织成，反而俭省。④拜下：臣向君主行礼，先在堂下磕头，然后再升堂磕头叫拜下。⑤拜上：指臣见君直接到堂上拜，不先在堂下拜。⑥泰：傲慢。

【译文】

孔子说："用麻冕是古礼的要求，现在用黑丝，比麻冕节俭，我也随俗从众了。在堂下行拜是古礼的要求，现在改在堂上了，太过分了。即使有违众意，我依然遵从在堂下行拜的古礼。"

【原文】

（四）子绝四：毋意[①]，毋必，毋固，毋我。

【注释】

①毋意：不凭空猜测。毋，通"无"。意，通"臆"。

【译文】

孔子绝无四种情形：凭空猜测，先入为主，拘泥一端，只有自我。

【原文】

（五）子畏于匡[①]，曰："文王既没，文不在兹乎？天之将丧斯文也[②]，后死者不得与于斯文也[③]；天之未丧斯文也，匡人其如予何[④]！"

【注释】

①子畏于匡：孔子被拘禁在匡地。孔子离开卫国去陈国，经过匡地。匡地的人遭受过鲁国阳虎的暴掠，孔子的相貌与阳虎相似，匡地人错将孔子拘禁了五天。畏，拘禁。匡地，地名，在今河南省长垣县西南。②丧斯文：消灭这一种文化。③后死者：孔子自称。④如予何：把我怎么样。如……何，文言文中的凝固结构，对……怎么样。

【译文】

孔子被围困在匡地时，说："文王已经不在了，但他的礼乐文化不还在我这里吗？如果天要丧灭这礼乐文化，那我就不可能掌握这礼乐文化了。如果天不想丧灭这礼乐文化，那这匡地的人又能把我怎样呢？"

【原文】

（六）太宰问于子贡曰[①]："夫子圣者与？何其多能也？"子贡曰："固天纵之将圣[②]，又多能也[③]。"子闻之，曰："太宰知我乎！吾少也贱[④]，故多能鄙事[⑤]。君子多乎哉？不多也。"

【注释】

①太宰：官名，辅佐君主治理国家。这里具体指谁已难于考证。②纵：使。③多能：多才多艺。④少也贱：小时候贫贱。⑤鄙事：卑贱的技艺。

【译文】

太宰问子贡说："你们先生怕是位圣人吧？否则怎么会有这么多的才能？"子贡说："恐怕天的本意是要让他成为圣人的，而且又让他拥有这样多的才能。"孔子听说后，说："太宰他了解我吗！我年少时比较贫贱，因而干了许多不值一提的事，学会了许多专业技能。君子一定要多才多艺吗？不一定啊。"

【原文】

（七）牢曰[①]："子云：'吾不试[②]，故艺。'"

【注释】

①牢：子牢。孔子的学生。②试：用，任用。

【译文】

子牢说："先生说：'我不能被任用，因而就精通了各种技艺。'"

【原文】

（八）子曰："吾有知乎哉？无知也。有鄙夫问于我[①]，空空如也。我叩其两端而竭焉[②]。"

【注释】

①鄙夫：农夫。②我叩其两端而竭焉：我从他问的问题的首尾两方面盘问，得出答案尽量告诉他。叩，盘问。两端，两头，始末。

【译文】

孔子说："我有知识吗？其实没有。有位农夫来请教我，我不明白他要问什么和怎样回答他。我就上上下下多方面地询问他，直到他最终没有问题为止。"

【原文】

（九）子曰："凤鸟不至[①]，河不出图[②]，吾已矣夫[③]！"

【注释】

①凤鸟：传说中的象征吉祥的神鸟，凤鸟出现便预示天下太平。②河：黄河。图：指八卦图。传说有圣王出现，黄河中就有龙马背负八卦图出现。③已矣夫：算了吧。看不到太平盛世的感叹之词。

【译文】

孔子说："凤鸟不来，黄河也不再出现河图，我就要完了吗！"

【原文】

（十）子见齐衰者、冕衣裳者与瞽者①，见之，虽少，必作②；过之，必趋③。

【注释】

①齐衰（zī cuī）：古代用熟麻布做的，下边缝齐的丧服。冕衣裳者：穿官服戴礼帽的人。冕，天子、诸侯、卿大夫戴的帽子。衣，上衣。裳，下衣。瞽（gǔ）者：瞎子。②作：站起来，表示敬意。③趋：快步走，表示敬意。

【译文】

孔子对于穿丧服的，全套盛装的，还有盲人等，如果会见他们，即使对方很年轻，也一定起身相迎；如果路遇他们，必然快步走过。

【原文】

（十一）颜渊喟然叹曰①："仰之弥高②，钻之弥坚。瞻之在前，忽焉在后。夫子循循然善诱人③，博我以文④，约我以礼，欲罢不能，既竭吾才。如有所立卓尔⑤，虽欲从之，未由也已⑥。"

【注释】

①喟（kuì）然：叹气的样子。②弥（mí）：越，更加。③循循然：有次序的。④博：使我广博。⑤卓尔：高高直立的样子。尔，形容词词尾。⑥未由：没有可走之路。未，无，没有。由，途径。

【译文】

颜渊叹息道："越仰望越觉得高，越钻研越觉得坚深。看着就在前面，可突然又落在后面。先生循序渐进是这样地善于诱导人，用文籍来丰富我，用礼仪来约束我，使我想停下来也不行，已经竭尽了我的才能。就像有一个高大的目标树在面前，虽然想追随它，但却找不到路啊！”

【原文】

（十二）子疾病[①]，子路使门人为臣[②]。病间[③]，曰：“久矣哉，由之行诈也[④]！无臣而为有臣。吾谁欺[⑤]？欺天乎？且予与其死于臣之手也，无宁死于二三子之手乎[⑥]？且予纵不得大葬[⑦]，予死于道路乎？”

【注释】

①疾：病。病：病情严重。②使门人为臣：让孔子的弟子做家臣准备丧事。臣，家臣。大夫家才有家臣，孔子虽做过大夫，但已退位，没有家臣。子路准备给孔子举行大夫的葬礼，所以让弟子充当家臣。③病间（jiàn）：病渐渐好了。间，间隙，指病情减轻。④由：仲由，即子路。诈：欺骗。⑤吾谁欺：即“吾欺谁?”⑥无：发语词，无义。⑦大葬：指大夫的隆重葬礼。

【译文】

孔子病重时，子路指派门人弟子充作家臣料理后事。病势略有好转，孔子说：“很长时间了，子路干这欺诈的事！没有家臣而装作有家臣，我骗谁呢？骗天吗？况且，我与其死在家臣的手里，难道不是更愿意死在你们手里吗？而且，即使我不享有卿大夫们的葬礼，难道就会被扔在大路上吗？”

【原文】

（十三）子贡曰：“有美玉于斯，韫椟而藏诸[①]？求善贾而沽诸[②]？”子曰：“沽之哉！沽之哉！我待贾者也！”

【注释】

①韫椟（yùn dú）：藏在匣子里。韫，收藏。椟，匣子。②贾（gǔ）：商人。沽（gū）：卖。

【译文】

子贡说："如果有块美玉在这儿，是装在箱子里藏起它呢？还是找个识货的商人卖了它呢？"孔子说："卖了它！卖了它！我正等着买的人呢！"

【原文】

（十四）子欲居九夷①。或曰："陋②，如之何？"子曰："君子居之，何陋之有？"

【注释】

①九夷：泛指东方的少数民族。②陋：简陋。

【译文】

孔子说要住到九夷去。有人说："那儿封闭愚昧，怎么办？"孔子说："君子住在那里，还有什么封闭愚昧的呢？"

【原文】

（十五）子曰："吾自卫反鲁①，然后乐正②。《雅》《颂》各得其所③。"

【注释】

①反：同"返"。②乐正：使音乐归正。③《雅》《颂》：《诗经》中的两类诗。《诗经》里的诗配上乐曲可以演唱，这里《雅》《颂》是指乐曲。

【译文】

孔子说："我从卫国返回鲁国后，乐才合乎规范，《雅》和《颂》才各得其所。"

【原文】

（十六）子曰："出则事公卿，入则事父兄，丧事不敢不勉，不为酒困，何有于我哉？"

【译文】

孔子说："在外则敬事公卿，在家则敬事父兄，参与丧事不敢不加倍努力，不被酒所困扰，这对我来说，又有什么呢？"

【原文】

（十七）子在川上曰："逝者如斯夫[①]！不舍昼夜[②]。"

【注释】

①斯：这。指河水。夫：语气词。②舍（shè）：停留，居住。

【译文】

孔子站在河岸上，说："流逝的时光就像这流水一样啊！昼夜不息。"

【原文】

（十八）子曰："吾未见好德如好色者也。"

【译文】

孔子说："我还没有见到过喜好仁德像喜好美色一样的人呢。"

【原文】

（十九）子曰："譬如为山，未成一篑[①]，止，吾止也。譬如平地，虽覆一篑[2]，进，吾往也[3]。”

【注释】

①未成一篑（kuì）：只差一筐土就堆成了。篑，装土的筐子。②虽覆一篑：即使刚刚倒下一筐土。③往：前进。孔子用这段话鼓励学生坚持不懈，不要中途停止。并说明停止或前进都取决于自己。

【译文】

孔子说：“这就好像堆山一样，差一筐土就成了，但却停了下来，那是我自己停止了。又好像那平地，虽然只倒了一筐土，但也是进步，同样也是我自己努力的结果。”

【原文】

（二十）子曰：“语之而不惰者，其回也与[1]！”

【注释】

①其：大概。表推测的语气词。

【译文】

孔子说：“接受教诲而从不懈怠的，大概只有颜回了吧！”

【原文】

（二十一）子谓颜渊曰[1]：“惜乎！吾见其进也，未见其止也。”

【注释】

①谓：评论，谈论。

【译文】

孔子在谈到颜回时说：“难得啊！我只见他努力向上，却未见他止步不前。”

【原文】

（二十二）子曰："苗而不秀者有矣夫[①]！秀而不实者有矣夫[②]！"

【注释】

①苗而不秀：庄稼出苗而不开花。秀，庄稼吐穗扬花。②秀而不实：开花了没有结果。

【译文】

孔子说："庄稼出了苗但却不能吐穗扬花的有吧！能吐穗扬花但却不能结实的也有吧！"

【原文】

（二十三）子曰："后生可畏，焉知来者之不如今也？四十、五十而无闻焉[①]，斯亦不足畏也已。"

【注释】

①无闻：没有名声。

【译文】

孔子说："年轻人值得敬畏，怎么知道后来的人不如现在的呢？但如果到了四十岁、五十岁的时候，还没有一点动静，这也就不值得敬畏了。"

【原文】

（二十四）子曰："法语之言[①]，能无从乎？改之为贵。巽与之言[②]，能无说乎[③]？绎之为贵[④]。说而不绎，从而不改，吾未如之何也已矣[⑤]。"

【注释】

①法语之言：合乎法则的话。②巽（xùn）与之言：谦恭顺己的

话。巽，谦逊，恭敬。与，称许。③说：同“悦”。④绎（yì）：分析。⑤如之何：凝固结构。怎么样，怎么办。

【译文】

孔子说：“循规守法的话，能不听从吗？但能照着它去改正自己才算可贵。动听顺耳的话，听了能不高兴吗？但能对它详加分析才算可贵。只是高兴而不加分析，只是接受但却不改，那我也就对他没什么办法了。”

【原文】

（二十五）子曰：“主忠信，毋友不如已者，过则勿惮改。”

【注释】

这段话重出，见《学而》第八章。

【译文】

孔子说：“要把忠和信作为根本，不要结交不如自己的人，有了过失不要怕改。”

【原文】

（二十六）子曰：“三军可夺帅也[①]，匹夫不可夺志也[②]。”

【注释】

①三军：周代诸侯大国有三军。这里代指军队。②匹夫：一个普通的人。

【译文】

孔子说：“三军可以夺去将帅，匹夫不可以夺去志向。”

【原文】

（二十七）子曰：“衣敝缊袍[①]，与衣狐貉者立[②]，而不耻者，其由也与[③]？‘不忮不求[④]，何用不臧[⑤]？’”子路终身诵之。子曰：“是道也，何足以臧？”

【注释】

①衣敝缊（yùn）袍：穿着破烂的旧丝棉袍子。衣，穿。敝，坏。缊，旧丝絮。②狐貉（hé）：指狐皮貉皮制的皮袍。③由：仲由。与：同“欤”，语气词。④不忮（zhì）不求：不嫉妒不贪求。忮，嫉妒。⑤何用不臧（zāng）：为什么不好呢？臧，善，好。这两句诗引自《诗经·邶风·雄雉》。

【译文】

孔子说：“穿着破旧的丝棉袍，和穿着狐裘大衣的人同在一起，而不觉得是耻辱的人，恐怕只有子路了吧！正所谓：‘不嫉妒，不贪求，为什么不好呢？’”子路便终身习诵这句话。孔子说：“这样的道理，也值得念念不忘吗？”

【原文】

（二十八）子曰：“岁寒，然后知松柏之后彫也[①]。”

【注释】

①彫：通“凋”。凋零。

【译文】

孔子说：“到了严寒季节，才知道松柏的不会凋零。”

【原文】

（二十九）子曰：“知者不惑[①]，仁者不忧，勇者不惧。”

【注释】

①知：同“智”。

【译文】

孔子说："聪明人不会困惑，有仁德的人不会忧虑，勇敢的人不会畏惧。"

【原文】

（三十）子曰："可与共学，未可与适道[①]；可与适道，未可与立；可与立，未可与权[②]。"

【注释】

①适：往，赴。②权：权衡轻重。

【译文】

孔子说："能和他一起求学，但不一定能和他一起追寻人生至理。能和他一起追求人生至理，但不一定能和他始终一起依礼行事。能和他始终一起依礼行事，但不一定能和他一起权衡变通。"

【原文】

（三十一）"唐棣之华[①]偏其反而[②]，岂不尔思[③]？室是远而[④]。"子曰："未之思也，夫何远之有？"

【注释】

①唐棣：又作棠棣，一种树木。华：同"花"。②偏：通"翩"，随风摆动。③岂不尔思：难道我不思念你吗？④室是远而：家离得太远。这四句诗是逸诗，不知出处。

【译文】

古诗中说："唐棣花开啊，摇啊摇，难道就不想你吗？只是我们住得太远啊。"孔子说："没想就是了，如果真想，有什么远的呢？"

乡党第十

【原文】

（一）孔子于乡党①，恂恂如也②，似不能言者③。其在宗庙朝廷，便便言④，唯谨尔。

【注释】

①乡党：父兄、宗庙之所在地，也即本乡本土。古代一万二千五百家为乡，五百家为党。本篇集中记载了孔子的举止言行，颂扬孔子一举一动都合于周礼。②恂恂（xún）如：温和恭顺的样子。如，形容词词尾。③者：助词，用在陈述句末，表示比拟。前面有动词"似"呼应。可译为"……似的"或"……一样"。④便便：同"辩辩"，形容说话明白清楚，非常健谈。

【译文】

孔子在家乡时，温和恭顺，好像不会说话一样。孔子在宗庙内、朝廷上，非常健谈，讲话明白清楚，只是说话比较谨慎罢了。

【原文】

（二）朝，与下大夫言①，侃侃如也②；与上大夫言，訚訚如也③。君在，踧踖如也④，与与如也⑤。

【注释】

①下大夫：大夫是诸侯下面的一个等级。其中又有不同级别。最高一级称为卿，即上大夫，其余称为下大夫。孔子的地位相当于下大夫。②侃侃如：温和快乐的样子。③訚訚（yín）如：正直而恭敬的样子。④踧踖（cù jí）如：恭敬而不安的样子。⑤与与（yú）：意思同"徐

徐”。也即威仪适中的样子，面对国君神情态度既不过分紧张，也不显得轻慢。

【译文】

孔子上朝（没有见到君主前），同下大夫交谈，显得温和而快乐；同上大夫交谈，显得正直而恭敬。国君临朝听政，孔子恭恭敬敬，而又十分谨慎，神情态度既不过分紧张，也不显得轻慢。

【原文】

（三）君召使摈[①]，色勃如也[②]，足躩如也[③]。揖所与立[④]，左右手[⑤]，衣前后，襜如也[⑥]。趋进，翼如也[⑦]。宾退，必复命曰：“宾不顾矣。”

【注释】

①摈（bìn）：通“傧”。傧是负责接待宾客的官员。这里活用作动词，指接待宾客。②色勃如：脸色立刻变得庄重的样子。③躩（jué）如：快走的样子。④所与立：和他站在一起的其他傧相。所字结构，有名词性质。⑤左右手：使手向左、向右。即向左或向右拱手。⑥襜（chān）如：整齐的样子。⑦翼如：像鸟儿展翅一样。

【译文】

鲁国国君召孔子去接待宾客，孔子的脸色立刻变得庄重起来，脚步也快了起来。他向和他站在一起的其他傧相作揖，向左或向右拱手，衣服随之前后摆动，却整齐不乱。孔子快步向前，姿态像鸟儿展翅一样。宾客辞别走后，他一定向国君回报说：“客人已经不再回头，走远了。”

【原文】

（四）入公门，鞠躬如也[①]，如不容。立不中门[②]，行不履阈[③]。过位[④]，色勃如也，足（足羽隻）如也，其言似不足者。摄齐升堂[⑤]，鞠躬如也，屏气似不息者[⑥]。出，降一等[⑦]，逞颜色[8]，怡怡如也[9]。没阶，趋进，翼如也。复其位，踧踖如也。

【注释】

①鞠躬如：这里指谨慎恭敬的样子。②立不中门：古礼，士大夫出入国君宫门时，只能由门中央所竖的两个短木（叫做“臬”）的右边进出门，而且不能踩着门槛。中门，即门的中央，指两个“臬”之间。供国君出入。③阈（yù）：门槛。④过位：古代，大臣们议论政事，入朝经过国君站立的门、屏之间的位置时，国君虽不在，但臣子们的态度依然恭敬严肃。⑤摄（shè）：提起。齐（zī）：衣服的下摆。⑥屏（bǐng）气：屏住呼吸，憋住气。⑦降一等：从台阶上走下一级。⑧逞：放松，舒展。⑨怡怡如：和悦轻松的样子。

【译文】

孔子走进朝廷的大门时，非常谨慎恭敬，好像没有容身之地。站立时，孔子不在门的中央站，进门时，不踩门槛。经过国君站立的门、屏之间的位置时，神色态度立刻严肃庄重起来，脚步也加快了，说话也好像气不足的样子。他提起衣服下摆走上堂时，显得谨慎小心，憋住了气，好像停止了呼吸一样。出来后，走下一级台阶，神态脸色才舒展起来，现出轻松愉快的样子。下完了台阶，便快步向前，像鸟儿舒展开翅膀一样。回到自己的位置后，又是一副恭敬小心的样子。

【原文】

（五）执圭[1]，鞠躬如也，如不胜。上如揖，下如授。勃如战色，足蹜蹜如有循[2]。享礼[3]，有容色[4]。私觌[5]，愉愉如也[6]。

【注释】

①圭（guī）：一种上圆下方的玉器，举行典礼时，君臣都拿着不同质量的圭。这里指大夫出使别的诸侯国时，拿在手里代表君主的圭。②蹜蹜（sù）如：脚步细碎频促的样子。有循：即有所循。沿着……

走。循，沿着。③享礼：即享献礼。指使者向所出使的国家贡献礼物的一种仪式。使者初到出使之国，先行聘问礼，聘问之后，就举行享献礼仪。使臣把所献的礼品全部罗列廷堂。享，献。④有容色：和颜悦色。⑤私觌（dí）：私人身分的会见。觌，相见。⑥愉愉如：轻松愉快的样子。

【译文】

（孔子出使到别的诸侯国）举着圭，恭敬谨慎，好像拿不起来的样子。向上举，手与心一般齐，好像在作揖；向下拿，好像在递给别人，不低于腹部。脸色很庄重，好像在战栗一样，脚步细碎紧凑，好像是沿着一条线向前走一样。在献礼物的仪式上，表现得和颜悦色。以私人身分和对方君臣会见时，又显得轻松愉快。

【原文】

（六）君子不以绀緅饰[①]，红紫不以为亵服[②]。当暑，袗絺绤[③]，必表而出之[④]。缁衣[⑤]，羔裘；素衣[⑥]，麑裘[⑦]；黄衣，狐裘。亵裘长，短右袂[⑧]。必有寝衣[⑨]，长一身有半。狐貉之厚以居[⑩]。去丧，无所不佩。非帷裳[⑪]，必杀之[⑫]。羔裘玄冠不以吊[⑬]。吉月[⑭]，必朝服而朝。

【注释】

①君子：这里指孔子。绀（gàn）：深青透红的颜色。这是斋戒时服饰的颜色。緅（zōu）：黑中透红的颜色，即绛色，比绀色更暗，是丧服的颜色。饰：衣服领子的镶边。②亵（xiè）服：平常在家时穿的衣服，即便服。亵服不用红紫色，是因为古人认为红紫色是贵重的颜色，只能作礼服的颜色。③袗（zhěn）：单衣。这里活用作动词，当穿单衣讲。絺（chī）：细麻布衣。绤（xì）：粗麻布衣。④表而出之：把麻布单衣穿在外边，里面还要衬有内衣。表，表面，外面。这里活用作动词，当穿在外面。出之，使麻布衣露在外面。也即穿在外面。和“表”意思一样。⑤缁（zī）：黑色。⑥素：白色。⑦麑（ní）裘：小鹿的白色毛做成的皮袍。麑，小鹿。⑧短右袂（mèi）：右手的袖子短

一些。这是为了便于做事。袂，袖子。⑨寝衣：短时间休息时用的被子。古代大被叫衾，小被叫被。⑩狐貉（hé）之厚：厚毛的狐皮貉皮。⑪帷裳：上朝和祭祀时穿的礼服。用整幅布做成，多余的布打成褶缝，不裁掉，故上窄下宽，像帏帐。⑫杀：去掉，剪裁。⑬玄冠：黑色的礼帽。羔裘、玄冠都是黑色的，古代用作吉服，故不能穿戴它去吊丧。吊丧要穿白色丧服。⑭吉月：每月初一。

【译文】

孔子不用深青透红或黑里透红的布镶衣领，不用红色和紫色的布做平时家居穿的衣服。夏天，穿粗的或细的麻布单衣，但一定穿在内衣的外面。冬天，穿黑色的羔羊皮袍，配黑色的罩衣；穿白色的小鹿皮袍，配白色的罩衣；穿黄色的狐或貉皮袍，配黄色的罩衣。平常在家穿的皮袍，做得长一些，但右边的袖子短一点。短暂休息一定用小被，它的长度是身长的一倍半。用狐或貉的厚毛皮做坐垫。服丧期满以后，便佩戴上各式各样的装饰品。如果不是上朝和祭祀时穿的礼服，一定要剪裁掉多余的布。不穿黑色的羔羊皮袍，戴黑色的礼帽去吊丧。每月初一，一定穿着上朝的礼服去朝拜国君。

【原文】

（七）齐[①]，必有明衣[②]，布。齐，必变食[③]，居必迁坐[④]。

【注释】

①齐（zhāi）：通“斋”，斋戒。古人祭祀前必须斋戒。斋戒前必须沐浴。②明衣：沐浴后穿的浴衣。③变食：改变平常的饮食。指不饮酒，不吃荤，不吃葱、韭、蒜等有浓厚气味的菜蔬。④迁坐：指从内室迁到外室居住，不和妻妾同居。

【译文】

孔子斋戒时，先沐浴。沐浴完，一定穿上浴衣。浴衣是用布做的。斋戒时，一定改变饮食，居住也由内室改换到外室。

【原文】

（八）食不厌精[①]，脍不厌细[②]。食饐而餲[③]，鱼馁而肉败[④]，不食。色恶，不食。臭恶，不食。失饪[⑤]，不食。不时[⑥]，不食。割不正[⑦]，不食。不得其酱[⑧]，不食。肉虽多，不使胜食气[⑨]。唯酒无量，不及乱[⑩]。沽酒市脯[⑪]，不食。不撤姜食，不多食。

【注释】

①厌：讨厌，嫌弃。②脍（kuài）：切细的牛羊鱼肉。③饐（yì）、餲（ài）：都指放久了，变馊臭了的食物。④馁（něi）：鱼腐烂。败：肉腐烂。这里都指不新鲜。⑤失饪（rèn）：指烹调得不好。饪，烹调。⑥不时：一说指不到应该吃饭的时候。一说指不当时令没有长熟、长好的五谷、菜蔬等。我们采用前一解。⑦割不正：古人宰杀牛羊时，分解肢体有一定的分法。不合指定分法的叫割不正。⑧不得其酱：吃不同的肉食要用不同的调味作料酱醋等。不得其酱，指所食的东西与调味的酱醋等不相配。⑨食（shí）气（xì）：指饭料，主食。气，同“饩”，粮食。⑩乱：神志昏迷，指酒醉。⑪脯（fǔ）：熟肉干。

【译文】

（孔子吃饭，）粮食不嫌舂得精，鱼、肉不嫌切得细。食物放久变了味，鱼和肉不新鲜，都不吃。食物的颜色难看，不吃。气味难闻，不吃。烹调得不好，不吃。不到该吃饭的时候，不吃。不是按一定的方法宰割的肉，不吃。作料放得不适当，不吃。席上的肉虽然很多，但吃的量不超过米、面的量。只有酒不限量，但不喝醉。从市场上买来的酒和熟肉干，不吃。一直到吃完，姜不撤除，但不多吃。

【原文】

（九）祭于公[①]，不宿肉[②]。祭肉不出三日。出三日，不食。

【注释】

①祭于公：即助祭于公。古代，大夫、士都有助君祭祀之礼。②不宿肉：不使祭肉过夜。使动用法。古代，天子、诸侯祭祀时，当天清晨宰杀牲畜，然后举行祭典。第二天又祭，叫绎祭。绎祭完后，参加祭祀的大夫、士可以领到一份祭肉。但这些肉已经用了两天，所以拿回家必须立即吃掉或送人，以表示不亵渎鬼神。

【译文】

孔子参加国君祭祀典礼分得的祭肉，不过夜就处理掉。家祭用的肉保存也不超过三天。超过三天，就不吃了。

【原文】

（十）食不语，寝不言。

【译文】

孔子吃饭时不交谈，睡觉时不说话。

【原文】

（十一）虽疏食菜羹①，必祭②，必齐如也③。

【注释】

①疏食：粗糙的米饭。②祭：这种祭是食前将席上各种食品拿出少许，祭古代最初发明饮食的人。③齐（zhāi）如：像斋戒一样，恭敬而严肃。

【译文】

即使是粗米饭、蔬菜汤，（孔子临吃前）也必须先祭一祭（最初发明饮食的人）。而且祭祀时一定严肃恭敬。

【原文】

（十二）席不正①，不坐。

【注释】

①席：坐席。古人席地而坐。挨地面铺有坐席。坐席通常用蒲苇、蒯（kuài）草、竹篾、禾秸等编成。

【译文】

坐席放得不端正，孔子不坐。

【原文】

（十三）乡人饮酒，杖者出[①]，斯出矣。

【注释】

①杖者：扶拐杖的人，指60岁以上的老人。这是个者字结构。名词性质。

【译文】

同本乡人一块饮宴，孔子要等老年人都离开了，自己才离席出来。

【原文】

（十四）乡人傩[①]，朝服而立于阼阶[②]。

【注释】

①傩（nuó）：古人迎神、驱逐疫鬼的一种仪式。②阼（zuò）阶：大堂前东面的台阶。主人立在这里欢迎客人。

【译文】

本乡人举行迎神驱鬼的仪式时，孔子便穿着朝服，站在东面的台阶上（迎接宾客）。

【原文】

（十五）问人于他邦[①]，再拜而送之。

【注释】

①问：问候。

【译文】

孔子托人向在其他诸侯国的朋友问候，在送别受托者时，一定要向他拜两次。

【原文】

（十六）康子馈药[①]，拜而受之。曰："丘未达[②]，不敢尝。"

【注释】

①康子：即季康子，姓季孙，名肥。鲁哀公时为正卿。馈（kuì）：赠送。②达：通达，了解。

【译文】

季康子赠送药给孔子，孔子拜谢之后接受了。但却说："我对这药的药性不了解，不敢尝它。"

【原文】

（十七）厩焚[①]。子退朝，问："伤人乎？"不问马。

【注释】

①厩（jiù）：马棚。

【译文】

马棚失了火。孔子从朝廷回来，问道："伤了人没有？"没有问马怎样。

【原文】

（十八）君赐食，必正席先尝之。君赐腥[①]，必熟而荐之[②]。

君赐生，必畜之。侍食于君，君祭，先饭③。

【注释】

①腥：指生肉。②荐：供奉，进奉。这种供奉，不是祭祀。③饭：吃饭。这里指尝一尝饭食。名词活用作动词。“先饭”是一种礼节，一般都是膳夫先尝食，国君才吃。臣子侍食时，也都要先尝。

【译文】

君主赐给熟食，孔子一定摆正坐席先尝一尝。君主赐给生肉，一定煮熟了先供奉祖先。君主赐给活物，一定要饲养起来。陪侍君主吃饭，在君主举行饭前祭礼的时候，自己一定抢先替国君尝一尝饭食。

【原文】

（十九）疾，君视之，东首①，加朝服，拖绅②。

【注释】

①东首：头朝东。方位名词活用作动词。古人卧榻一般摆在南窗的西面。国君来从东边台阶走上来（东阶即阼阶，平时为主人的位向，国君是全国的主人，故来时从东阶上），所以孔子头朝东迎接他。②绅：束在腰间的长带子，束后，仍有一节垂下来。

【译文】

孔子病了，国君来探视，他头朝东（躺在床上），把上朝的礼服盖在身上，再把束在腰间的长带子加在礼服上拖垂下来。

【原文】

（二十）君命召，不俟驾行矣①。

【注释】

①俟（sì）：等待。

【译文】

国君召见，孔子不等车马驾好就先步行走了。

【原文】

（二十一）入太庙，每事问。

【注释】

这条重出，参看第三篇，第十五章。

【原文】

（二十二）朋友死，无所归[①]，曰："于我殡[②]。"

【注释】

①无所归：没有归宿地。这里指没有亲人收殓。所归，所字结构，名词性质。②殡（bìn）：停放棺柩，等待埋葬叫"殡"。这里指办理一切丧葬事务。

【译文】

朋友死了，没有亲人收殓，孔子说："由我来负责丧事。"

【原文】

（二十三）朋友之馈[①]，虽车马，非祭肉，不拜[②]。

【注释】

①馈（kuì）：指馈赠之物。这里作名词用。②不拜：不行拜谢之礼。这是因为朋友之间有通财之义，孔子非常注意朋友间这种义气，所以即使是车马等重物，接受时也不拜。而转赠的君赐的祭肉自然要拜。就是朋友送的家祭祭肉，因为是敬他们祖先的，也是要拜的。

【译文】

朋友赠送的礼品，即使是车马，只要不是祭肉，孔子在接受时都不行拜谢礼。

【原文】

（二十四）寝不尸[①]，居不容[②]。

【注释】

①尸：像尸体一样直挺着四肢。名词活用作动词。②居：居处，家居。容：容仪。这里指注重容仪。名词活用作动词。不容指不必像参加祭祀和接见宾客一样仪态端庄严肃。

【译文】

孔子睡觉时，不像尸体一样直挺着四肢。孔子平日家居时，也不像参加祭祀和接见宾客一样仪态端庄严肃。

【原文】

（二十五）见齐衰者[①]，虽狎[②]，必变。见冕者与瞽者[③]，虽亵[④]，必以貌。凶服者式之[⑤]。式负版者[⑥]。有圣馔[⑦]，必变色而作。迅雷风烈必变[⑧]。

【注释】

①齐衰（zī cuī）者：穿着孝服的人。这是由名词“齐衰”和特殊代词“者”组成的者字结构，为名词性质。冕者、瞽者等结构同此。齐衰，用熟麻布做的缝边的丧服。②狎（xiá）：亲近，亲密。③冕者：戴着礼帽的人。冕，古代天子、诸侯、卿、大夫所戴的各式礼帽。瞽者：盲人。④亵（xiè）：因常见而熟悉。⑤凶服者：送死人衣物的人。者字结构。凶服，指死人衣物。一说是穿丧服的人。式之：古人乘车在途中时，如遇到地位高的人或办丧事的人家，身子向前微俯，用手扶车前横木，以便向他们表示尊敬或同情。式，通“轼”，指车前横木。这里的“式”是用手扶车前横木。名词活用作动词。⑥负版者：背着国家图籍的人。者字结构。版，古代无纸，把木板削成片状书写。这里指写在木板上的国家图籍，如地图、户口册等。⑦圣馔（zhuàn）：丰盛的筵席。馔，饮食。⑧风烈：风很猛烈。

【译文】

孔子看见穿孝服的人，即使是关系很亲密，也一定使态度变得严肃起来（表示哀悼）。看见戴着礼帽的官员和盲人，即使是很熟悉，也一定很有礼貌。孔子在乘车途中遇见送死人衣物的人，一定要微微俯身，手扶在车前横木上（表示同情）。看见背着国家疆域图或户口籍等的人也一定要俯身手扶在车前横木上（以表示敬意）。（孔子做客时）如有丰盛的筵席，一定要改变神色站立起来（以表示感谢）。遇见疾雷、大风，孔子也一定改变神色（以表示对上天的敬畏）。

【原文】

（二十六）升车，必正立，执绥①。车中，不内顾，不疾言，不亲指。

【注释】

①绥（suí）：上车时扶手用的索带。

【译文】

孔子上车时，一定先立直站好，然后攀着扶手带上车。在车上时，不向里面回头看，不很快地说话，不用手指指划划。

【原文】

（二十七）色斯举矣①，翔而后集②。曰："山梁雌雉③，时哉时哉④！"子路共之，三嗅而作⑤。

【注释】

①色斯举：指孔子看见一群野鸡，神色动了一下。这句可能有错漏。色，脸色。举，指鸟飞起来。②集：鸟落在树上。③雉（zhì）：野鸡。④时：指野鸡停飞、饮啄得其时，也即识时务。暗指人的审择所处也应如此。⑤三嗅而作：长叫几声飞走了。三，指多次。嗅，唐代

石经《论语》中作戛（jiá，鸟叫声）。作，飞起。

【译文】

（孔子和子路在山谷中行走，看见一群野鸡因受惊飞了开去，）孔子神色为之一动。（一会儿，野鸡又飞了回来，）飞翔了一阵后停在了树上。孔子说："这些山梁上的野鸡啊，它们也识时务呀！它们也识时务呀！"子路向它们拱拱手，野鸡叫了几声又飞走了。

先进第十一

【原文】

（一）子曰：“先进于礼乐①，野人也②；后进于礼乐③，君子也④。如用之，则吾从先进⑤。”

【注释】

①先进于礼乐：指先学习礼乐而后做官的人。关于“先进”、“后进”历来都有很多解释，我们采用刘宝楠《论语正义》之说，这符合孔丘“学而优则仕”的观点。②野人：指在野的，没有官爵的人。③后进于礼乐：与“先进于礼乐”相对而言，指先做官，为了统治的需要，再去学习礼乐的人。④君子：指享有世袭特权的卿、大夫及其子弟。⑤从：听从。这里作“用”、“选用”讲。

【译文】

孔子说：“先学习礼乐而后做官的人，是在野之人；先做官，后学习礼乐的人，是君子。如果选用人才，那我就要选用先学习礼乐的人。”

【原文】

（二）子曰：“从我于陈、蔡者①，皆不及门也②。”

【注释】

①从我于陈、蔡者：指孔子周游列国，在陈国、蔡国之间受困绝粮时跟随他的门徒们。公元前489年，孔子和他的门徒们，在由陈国去蔡国的途中，被陈国百姓包围，绝粮七天，许多门徒饿得不能行走，后被楚国搭救。当时跟随孔子的有子路、子贡、颜渊等弟子。②皆不及

门也：都不在我这里了。门，门下。这里指受教的场所。

【译文】

孔子说："跟随我从陈国到蔡国途中忍饥挨饿的学生们，现在都不在我身边了。"

【原文】

（三）德行：颜渊，闵子骞，冉伯牛，仲弓[①]。言语：宰我，子贡[②]。政事：冉有，季路[③]。文学：子游，子夏[④]。

【注释】

①德行：指能实行孝悌、忠恕等道德。这一章是孔子对十个学生的叙述，由弟子转述记载了下来。②言语：指长于辞令，能办理外交。③政事：指能按周礼的要求从事政事活动。④文学：指通晓诗、书、礼、乐、文章等。

【译文】

（孔子学生中）德行好的有：颜渊，闵子骞，冉伯牛，仲弓。擅长言辞的有：宰我，子贡。擅长政事的有：冉有，季路。擅长诗、书、礼、乐、文章的有：子游，子夏。

【原文】

（四）子曰："回也非助我者也，于吾言无所不说[①]。"

【注释】

①于吾言无所不说（yuè）：对于我所说的话，没有一句不是心悦诚服的。所不说，所不喜悦的。这是个所字结构，为名词性质。说，同"悦"，喜悦。

【译文】

孔子说："颜回呀，他不是个对我有所帮助的人，因为对于我所说的话，他没有一句不是心悦诚服的。”

【原文】

（五）子曰：“孝哉闵子骞！人不间于其父母昆弟之言①。”

【注释】

①人不间（jiàn）于其父母昆弟之言：人们对于他的爹娘、兄弟赞美他的话，没有什么异议。间，间隙。这里有挑剔、批评的意思。

【译文】

孔子说：“真孝顺呀，闵子骞！人们对于他的父母、兄弟赞美他孝顺的话，从没有什么非议。”

【原文】

（六）南容三复白圭①，孔子以其兄之子妻之②。

【注释】

①南容三复白圭（guī）：南容反复诵读有关白圭的几句诗。南容，姓南宫，名适（kuò），字子容。孔子的学生。三复，多次反复。白圭，国君和大臣们行礼时拿在手中的珍贵而莹洁的玉器。这里指《诗·大雅·抑》的四句诗：“白圭之玷（diàn），尚可磨也；斯言之玷，不可为也。”意思是：白圭的污点还可以磨掉，言语中的错误，就无法收回了。南容用此诗告诫自己说话、做事要谨慎小心。②妻之：嫁给他。妻，名词活用作动词。

【译文】

南容一天到晚把《诗·大雅·抑》中的四句诗：“白圭之玷，尚可磨也；斯言之玷，不可为也。”反复诵读，孔子就把他哥哥的女儿嫁给了南容。

【原文】

（七）季康子问[①]："弟子孰为好学？"孔子对曰："有颜回者好学[②]，不幸短命死矣，今也则亡[③]。"

【注释】

①季康子：姓季孙，名肥，谥号为"康"。鲁哀公时为正卿。是当时政治上最有权势的人。②者：句中语气助词，表停顿，兼有舒缓语气的作用。可不译出。③亡：通"无"，没有。

【译文】

季康子问孔子："你的学生中谁最好学？"孔子回答说："有个叫颜回的最好学，不幸短命死了，现在再也没有像他那样好学的人了。"

【原文】

（八）颜渊死，颜路请子之车以为之椁[①]。子曰："才不才[②]，亦各言其子也。鲤也死[③]，有棺而无椁。吾不徒行以为之椁。以吾从大夫之后[④]，不可徒行也。"

【注释】

①颜路：颜回的父亲。名无繇（yóu），字路，也是孔子的学生，小孔子六岁。椁（guǒ）：古代，有地位的人的棺木多是两层，里层的叫"棺"，外层的叫"椁"。②才不才：有才华或者没有才华。两个"才"都是名词活用为动词。③鲤：孔子的儿子，字伯鱼。孔鲤50岁死，当时孔子70岁。④以：因为。连词。从大夫之后：跟随在大夫行列之后。意即当过大夫。孔子曾在鲁国当过司寇。此时虽已不在位，但仍属大夫之列。按照奴隶主等级制度，大夫出门必须乘车。

【译文】

颜渊死了，他的父亲颜路请求孔子把车子卖掉给颜回买个外椁。孔子说："不管有才华还是没有才华，但都是各人自己的儿子呀。（我的儿子）孔鲤死了，也只有内棺而没有外椁。我不能（卖掉车子）徒步行走来为他买外椁，因为我也曾做过大夫，是不可以步行的呀。”

【原文】

（九）颜渊死。子曰：“噫！天丧予[①]！天丧予！”

【注释】

①天丧予：老天爷要我的命呀！颜回是孔子最欣赏的学生，古人认为天生圣人，一定再生贤才辅佐他，故颜回的死对孔子震动很大。

【译文】

颜渊死了。孔子说：“唉！老天爷要我的命呀！老天爷要我的命呀！”

【原文】

（十）颜渊死，子哭之恸[①]。从者曰：“子恸矣！”曰“有恸乎？非夫人之为恸而谁为[②]？”

【注释】

①恸（tòng）：极度悲哀，伤心。②非夫（fú）人之为恸而谁为：我不为这样的人悲痛，还为谁悲痛呢？夫人，这个人。“夫人”是介词“为”的宾语，由于强调而前置。谁为，为谁。谁，疑问代词，作介词“为”的宾语，前置。

【译文】

颜渊死了，孔子哭得非常悲哀。跟随孔子的人说：“先生过分悲痛了。”孔子说：“过分悲痛了吗？可我不为这个人哀痛，还为谁哀痛呢？”

【原文】

（十一）颜渊死，门人欲厚葬之。子曰：“不可。”门人厚葬之。子曰："回也视予犹父也，予不得视犹子也。非我也，夫二三子也[①]。"

【注释】

①非我也，夫二三子也：（这种违背规矩的厚葬）不是我的主张，是你那帮同学干的呀。按颜渊的身份、地位及家庭的经济状况，本不该厚葬，孔子的感叹，实是责备那些主持厚葬的学生。二三子，一帮人，一伙人。

【译文】

颜渊死了，孔子的学生们打算隆重地安葬他。孔子说："不能这样做。"但学生们还是隆重地安葬了颜渊。孔子说："颜回呀！你把我当父亲一样看待，但我却不能把你当儿子一样看待。（这种违背规矩的埋葬）不是我的意思，是你那帮同学干的呀。"

【原文】

（十二）季路问事鬼神[①]。子曰："未能事人[②]，焉能事鬼[③]？"曰："敢问死[④]。"曰："未知生，焉知死？"

【注释】

①季路：即仲由。字子路，又字季路。②事人：指事奉君父。③焉：怎么，疑问代词。孔子认为在君父活着的时候，如果不能尽忠、尽孝，君父死后，也就谈不上事奉鬼神。④敢：大胆地，斗胆地。表敬副词。

【译文】

子路问孔子怎么样事奉鬼神。孔子说："还没有事奉好活人，怎能谈得上事奉鬼神呢？"子路又问："我大胆地问老师，死是怎么回事？"孔子说："还不懂得活的道理，怎么能够懂得死呢？"

【原文】

（十三）闵子侍侧，訚訚如也[①]；子路，行行如也[②]；冉有、子贡，侃侃如也。子乐。“若由也，不得其死然[③]。”

【注释】

①闵子：即闵子骞。②行行（hàng）如：刚强的样子。③不得其死然：只怕不得好死吧。孔子为学生们具有的优点高兴，但又担心子路太刚直，怕他不会有好下场。得死，当时习惯语，是“得善终”的意思。然，语气词，用法同“焉”，可用“吧”译出。

【译文】

闵子骞在孔子身旁侍奉，恭敬而正直的样子；子路呢，很刚强的样子；冉有、子贡呢，温和、快乐的样子。孔子很高兴。（但又叹道：）“像仲由这样，只怕不得好死吧！”

【原文】

（十四）鲁人为长府[①]。闵子骞曰：“仍旧贯[②]，如之何？何必改作？”子曰：“夫人不言，言必有中[③]。”

【注释】

①鲁人：指鲁国的执政大臣。长府：鲁国储藏财货的国库名。②仍旧贯：沿袭老样子。指不必花费人力、物力改建。仍，因，因袭。贯，这里指习惯的办法，旧制度。③言必有中（zhòng）：指言不妄发，发必中肯、在理。

【译文】

鲁国的执政大臣季孙氏要翻修鲁国储藏财货的国库长府。闵子骞说：“照老样子不好吗？何必一定要改建翻修呢？”孔子说：“这个人不爱说话，一说话就说到了要害上。”

【原文】

（十五）子曰：“由之瑟奚为于丘之门[①]？”门人不敬子路。子曰：“由也升堂矣，未入于室也[②]。”

【注释】

①由之瑟奚为于丘之门：仲由弹瑟，为什么在我这里弹呢？孔子赞成“雅”、“颂”一类的古乐。子路弹的不是古乐，所以孔子表示不满。瑟，古代乐器，与古琴相似。这里指弹瑟。名词活用作动词。奚为，为什么。疑问代词“奚”作介词“为”的宾语，前置。②由也升堂矣，未入于室也：指仲由的学问已经不错了，只是还不够精深罢了。“升堂入室”是比喻。“堂”是正厅，“室”是内室。入门后先升堂，最后到内室。用此表示做学问的几个阶段。

【译文】

孔子说：“仲由弹瑟，为什么在我这里弹呢？”孔子的学生们因此不尊敬子路。孔子说：“仲由么，他在学习上已经达到升堂的程度了，只是还没有入室罢了。”

【原文】

（十六）子贡问：“师与商也孰贤①？”子曰：“师也过，商也不及。”曰：“然则师愈与②？”子曰：“过犹不及③。”

【注释】

①师：姓颛孙，名师，字子张。陈国人。孔子学生。商：姓卜，名商，字子夏。孔子学生。也：句中语气助词，置于主语后，有舒缓语气的作用。可不译出，也可译为“呀”或“么”等。②愈：胜过。较好。与：句末表疑问的语气助词，同“欤”。③过犹不及：做事情过了头就像做不到一样都不好。不及，没有达到。

【译文】

子贡问：“颛孙师和卜商，哪个好一些？”孔子说：“师么，有些过分，商么，有些赶不上。”子贡说：“那么是颛孙师好一些了？”孔子说：“办事情过了头和赶不上同样不好。”

【原文】

（十七）季氏富于周公[①]，而求也为之聚敛而附益之[②]。子曰："非吾徒也，小子鸣鼓而攻之[③]，可也。"

【注释】

①季氏富于周公：季孙氏比周天子左右的卿士还要富有。于，介词，介绍比较的对象。译为"比"。周公，泛指在周天子左右任职的周王室同族公侯。一说指周公旦。周公旦是周武王的弟弟，名旦。辅助武王灭商。采邑在周（陕西岐山东北）故称周公。②为之聚敛而附益之：帮助他搜刮，使季氏增加了更多的财富。聚，积聚、收集。敛，聚集。特指聚集财物。附，增益。益，本义水漫出来，引申为"增加"。③小子鸣鼓而攻之：学生们，大张旗鼓地声讨他吧。小子，旧时长辈称晚辈，或老师称学生为"小子"。鸣鼓，使鼓鸣，即敲响鼓。使动用法，这里指公开地、大张旗鼓地。

【译文】

季孙氏比周天子左右的卿士还要富有。而冉求还帮助他搜刮，使他增加了更多的财富。孔子说："冉有不再是我的门徒了，学生们，你们可以大张旗鼓地去声讨他。"

【原文】

（十八）柴也愚[①]，参也鲁[②]，师也辟[③]，由也喭[④]。

【注释】

①柴：姓高，名柴，字子羔。孔子的学生。②鲁：迟钝，钝拙。③辟（pì）：偏，偏激。④喭（yàn）：鲁莽，莽撞。

【译文】

柴高愚笨，曾参迟钝，颛孙师偏激，仲由鲁莽。

【原文】

（十九）子曰："回也其庶乎①，屡空②。赐不受命③，而货殖焉④，亿则屡中⑤。"

【注释】

①庶：庶几，差不多。②屡空：经常空匮。指缺衣短食非常贫穷。③赐：即端木赐。"赐"为子贡的名。不受命：不能安受天命。即不听命运安排。这里指没有得到公家准许就去做生意（古代经商须由公家决定）。④货殖：囤积货财以谋利。即经商，做买卖。⑤亿：通"臆"。猜测，估计。

【译文】

孔子说："颜回的道德修养差不多了吧，可是他经常短衣缺食。端木赐不能安受天命，去做生意，可他猜测行情，每每都能猜中。"

【原文】

（二十）子张问善人之道。子曰："不践迹①，亦不入于室②。"

【注释】

①不践迹：不踩着古人的脚印走。践，践踏，踩。迹，足迹，脚印。②不入于室：指学问和道德修养不到家。孔子主张一言一行都应效法遵守周礼的古人。

【译文】

子张问做善人的方法。孔子说："如果不踩着古人的脚印走，学问和道德也就修养不到家。"

【原文】

（二十一）子曰："论笃是与①，君子者乎？色庄者乎②？"

【注释】

①论笃是与：赞许言论笃实的人。“论笃”是动词“与”的宾语，由于强调而前置。“是”是标志宾语前置的助词。笃，笃实，诚实。与，赞成，推许。②色庄：外表庄重。这里指伪装出的庄重。

【译文】

孔子说：“应该赞扬言论诚实的人。（但要观察他）是真正的君子呢？还只是外表伪装庄重的人。”

【原文】

（二十二）子路问：“闻斯行诸[①]？”子曰：“有父兄在，如之何其闻斯行之？”冉有问：“闻斯行诸？”子曰：“闻斯行之。”公西华曰：“由也问闻斯行诸，子曰：‘有父兄在’；求也问闻斯行诸，子曰：‘闻斯行之’。赤也惑，敢问。”子曰：“求也退[②]，故进之；由也兼人[③]，故退之。”

【注释】

①闻斯行诸：听到了，就行动起来吗。斯，就。副词。诸，“之”和“乎”的合音兼词。②求也退：冉求么遇事畏缩不前。③由也兼人：仲由么好勇过人。兼人，指一个人的胆量兼有两个人的大。

【译文】

子路问：“听到了，就行动起来吗？”孔子说：“有父兄健在，怎么能够听到了（不向他们请示），就行动起来呢？”冉有也问：“听到了，就行动起来吗？”孔子说：“听到了，就行动起来。”公西华听后说：“仲由问，听到了，就行动起来吗？老师说：‘有父兄在（不能这么做）’；冉求问，听到了，就行动起来吗？老师却说，‘听到了，就行动起来’。（您的回答）使我迷惑不解，我斗胆问问（这是怎么回事？）”孔子说：“冉求做事退缩，所以我就鼓励他大胆干。仲由胆子大，敢作敢为，所以我要约束他。”

【原文】

（二十三）子畏于匡[①]，颜渊后。子曰："吾以女为死矣。"曰："子在，回何敢死？"

【注释】

①子畏于匡：孔子被匡地群众围困。指公元前496年，孔子自卫去陈时，经过匡地，因为他长相极像掠夺、残杀过匡人的鲁国人阳虎，所以被匡人围困拘禁了五天。畏，受到威胁的意思。

【译文】

孔子（和弟子们）被匡地群众围困、拘禁，颜渊是最后逃出来的。孔子说："我以为你死了。"颜渊说："老师还活着，我怎么敢死呢？"

【原文】

（二十四）季子然问[①]："仲由、冉求可谓大臣与？"子曰："吾以子为异之问，曾由与求之问[②]。所谓大臣者，以道事君，不可则止。今由与求也，可谓具臣矣[③]。"曰："然则从之者与？"子曰："弑父与君[④]，亦不从也。"

【注释】

①季子然：鲁国大夫季氏的同族人。②吾以子为异之问，曾由与求也：我以为你是问别的什么人，竟只是问仲由和冉求呀。异之问，即问异。宾语"异"由于强调而前置，"之"为标志宾语前置的助词。曾，竟然，原来。③具臣：相当于备员。即仅备臣数而不能有所作为的臣僚。当时仲由和冉求都是季氏的家臣，对于季氏的一些越礼行为，他们没有劝阻，所以孔子责备他们。④弑（shì）：臣杀君，子杀父叫"弑"。

【译文】

季子然问："仲由和冉求可以算是大臣吗？"孔子说："我以为

你是问别人，原来是问仲由和冉求。所谓大臣，应该用周公之道事奉君主，如果行不通，宁可辞职不干。现在仲由和冉求两个，只能算是没有什么作为的，仅备臣数的家臣罢了。”季子然说：“如此说来，那么他们会一切都顺从季氏吗?”孔子说：“杀父、杀君主的事，他们也不会跟着干的。”

【原文】

（二十五）子路使子羔为费宰[①]。子曰：“贼夫人之子[②]。”子路曰：“有民人焉，有社稷焉[③]，何必读书，然后为学?”子曰：“是故恶夫佞者[④]。”

【注释】

①子路使子羔为费宰：子路让子羔去季氏的封邑费地去做长官。子路当时任季氏的家臣，所以有权推荐人。宰，卿大夫所属私邑的长官。②贼夫人之子：这简直是害人子弟。子羔没有经过培养突然就去做官，孔子认为是害人子弟。夫人之子，那里人家的子弟。③有社稷（jì）焉：在那里有封邑的政权机构。社，土神。稷，谷神。古代国都及各地都邑都设立社稷坛祭祀土神和谷神，以保平安、丰收。故“社稷”成为国家政权的象征。这里指季氏封邑的政权机构。焉，“于”和“是”的合音兼词。在那里。④恶（wù）：厌恶，讨厌。佞者：善于花言巧语，善于狡辩的人。者字结构。

【译文】

子路让子羔去做费地的长官。孔子说：“这简直是害人子弟。”子路说：“那个地方有老百姓，有行政机关，为什么一定要读书才算作学习呢?”孔子说：“所以说，我讨厌狡辩的人。”

【原文】

（二十六）子路、曾皙、冉有、公西华侍坐[①]。子曰：“以吾一日长乎尔，毋吾以也[②]。居则曰[③]：‘不吾知也!’如或知尔，则何以哉[④]?”子路率尔而对曰[⑤]：“千乘之国[⑥]，摄乎大国之间[7]，加之以师旅[8]，因之以饥馑[9]；由也为之，比及三年[10]，可使有勇[11]，且知方也[12]。”夫子哂之[13]。“求！尔何如？”对曰“方六七十，如五六十[14]，求也为之，比及三年，可使足民[15]，如其礼乐，以俟君子[16]。”“赤！尔何如？”对曰“非曰能之，愿学焉[17]。宗庙之事[18]，如会同[19]，端章甫[20]，愿为小相焉[21]。”“点！尔何如？”鼓瑟希[22]，铿尔[23]，舍瑟而作[24]，对曰：“异乎三子者之撰[25]。”子曰：“何伤乎[26]？亦各言其志也。”曰：“莫春者[27]。春服既成[28]，冠者五六人[29]，童子六七人[30]，浴乎沂[31]，风乎舞雩[32]，咏而归[33]。”夫子喟然叹曰[34]：“吾与点也[35]！”三子者出，曾皙后。曾皙曰：“夫三子者之言何如？”子曰：“亦各言其志也已矣。”曰：“夫子何哂由也？”曰：“为国以礼[36]，其言不让[37]，是故哂之。”“唯求则非邦也与[38]？”“安见方六七十如五六十而非邦也者[39]？”“唯赤则非邦也与？”“宗庙会同，非诸侯而何？赤也为之小[40]，孰能为之大？”

【注释】

①子路：姓仲，名由，字子路，又字季路。曾皙：姓曾，名点，字子皙。曾参的父亲。冉有：姓冉，名求，字子有。公西华：姓公西，名赤，字子华。以上四人都是孔子的学生。侍坐：卑者在尊者身旁陪伴叫“侍”。单用“侍”是陪伴者站着。用“侍坐”指双方都坐着。②以吾一日长乎尔，毋吾以也：不要因为我的年纪比你们大一些，你们就不敢尽情说话。以，因为。介词。一日长乎尔，比你们大个一天两天。乎，表比较的介词，用法同“于”，可译为“比”。毋吾以，不要因为我在场止而不言。以，是“已”（止，停止）的假借字。另一说法，“以”作“用”讲。全句意思是：因为我年纪比你们大些，已经没有人用我了。③居：居住，居处。这里指闲呆着，平日在家的时候。则：用法同“辄”。每每，常常，总是。副词。也可译为“就”。④何以：做什么。疑问代词“何”作动词“以”的宾语，前置。⑤率而：轻率地、毫不思索地急忙样子。⑥千乘（shèng）之国：拥有一千辆兵车的国家。古时一车四马为“一乘”。能出车千乘的国家，在当时是个中等国家。⑦摄：迫近。这里作“夹”讲。⑧师旅：古时军队的编制。五百人为

一“旅”，五旅为一“师”。后因以“师旅”为军队的通称。这里指因大国来侵犯而加在头上的战争。⑨因之以饥馑：接着又把饥荒加给它。因，续，连续。以，把。介词。饥馑，谷物不熟为“饥”，菜蔬不熟为“馑”。这里指国中有饥荒之灾。一般都是“大军之后，必有凶年。”⑩比（bì）及：等到。这是两个同义介词连用。⑪有勇：有勇力、勇气，敢于作战。⑫方：方向。这里指明辨是非的道理。⑬哂（shěn）：微笑。这里略含讥讽的意思。⑭方六七十，如五六十：一个方圆六七十里，或者五六十里的小国家。方，见方，方圆。计量面积或体积的一种单位。面积一方即一丈见方。方六七十，即国土每边的边长为六七十平方里。如，或者。连词，表示选择关系。⑮足民：使民足。即使百姓丰衣足食。⑯如其礼乐，以俟（sì）君子：至于礼乐教化么，只有等待修养更高的君子来推行了。如其，至于。他转连词。表示在叙述某一件事时又转到其他的一件事上。以，只有。范围副词。俟，等待。⑰焉：是“于”和“是”的合音兼词。可译为“对这个……”。“是”指代下面所说的“小相”工作。⑱宗庙之事：指诸侯的祭祀活动。其中以祭祀祖宗为代表。祭祖必在宗庙（祖庙），故以“宗庙之事”泛指。⑲如会同：或者在诸侯的盟会典礼中。如，或者。连词，表示选择关系。会同，古代诸侯朝见天子的通称。不定期的朝见叫“会”（一说“会”为诸侯盟会）。诸侯共同朝见天子叫“同”。⑳端章甫：穿着礼服，戴着礼帽。端，古代一种礼服的名称，是用整幅布做的。又叫“玄端”。章甫，古代一种礼帽的名称。在这里都是名词活用作动词。㉑愿为小相：愿做个小小的司仪。相，导行仪节的赞礼者。卿、大夫担任赞礼工作叫“大相”，士担任赞礼工作叫“小相”。焉：句末语气助词，助终结语气，可不译出。㉒希：通“稀”。指弹瑟的速度放慢，节奏逐渐稀疏。㉓铿（kēng）尔：铿的一声，琴瑟声止住了。铿，象声词。指弹瑟完毕时最后一声高音。尔，“铿”的词尾。㉔作：站立起来。㉕异乎三子者之撰（zhuàn）：（我的想法）和他们三位所讲的不同。撰，意思同“诠”，当“善言”解。可译为“所说的”、“所讲的”。㉖何伤乎：损害了什么呢，有什么关系呢。何，疑问代词作宾语前置。㉗莫（mù）春：指夏历三月，天气已转暖的时节。莫，“暮”的本字。㉘成：有两解。一解当“完成”讲，指春服（夹衣）做好了。另一解当“定”讲，指初春时气候寒暖无常，衣服亦需常换。暮春三月，气候已经稳定，夹衣服已经穿得住了。者：句中语气词，用来舒缓语气。不译。㉙冠（guàn）者：古代男子二十岁时要举行冠礼，束发、加帽，表示成人。这里“冠者”指成年人。㉚童子：未加冠以前的少年。㉛浴乎沂（yí）：到沂河里去洗洗澡。乎，介词，用法同“于”，表所到，译为“到”。下句的“乎”用法同此。沂，水名。在今山东曲阜县南。此水因有温泉流入，故暮春时即可入浴。㉜风乎舞雩（yú）：到舞雩台上吹吹风。风，吹风，乘凉。舞雩，鲁国祭天求雨的地方，设有坛，在今山东曲阜县南。“雩”是古代为求雨而举行的祭祀名。古人行雩祭时要伴以音乐和舞蹈，故称“舞雩”。㉝咏：曼声长吟叫“咏”。这里译为“唱”。㉞夫子：孔门弟子称孔丘。后来用为对老师的尊称。喟（kuì）然：长叹的样子。然，形容词“喟”的词尾。㉟与：赞许，同意。孔子之所以“与点”，有两说，一说孔子多年奔走求仕，但终不得志，因而赞许曾点心胸悠然，与自然同流的主张，这可用他的“道不行，乘桴（fú）浮于海”的话印证。一说曾点用形象化的方式描绘了孔子所宣扬的礼乐之治的景象，因而孔子很赞许他。㊱为国以礼：治理国家要用礼仪。礼，泛指奴隶和封建社会贵族等级制的社会规范和道德规范。㊲让：谦让，谦逊。㊳惟求则非邦也与：难道冉求所讲的就不是治理国家的大事吗。这句是曾皙的问话。唯，句首助词，无义。也与，句末语气词连用，可译为“吗”。㊴安见：怎见得。安，怎么，疑问代词，表反诘。㊵为之小：给诸侯做小傧相。这是一个动词带了两个宾语。“之”指代诸侯。（言外之意，公西华的才能做大相也足能胜任，但他却很谦逊）

【译文】

子路、曾皙、冉有、公西华四个人陪侍孔子坐着。孔子说：“不要因为我的年纪比你们大一些，你们就不敢尽情说话。你们平时常说：‘没有人了解我呀！’假如有人了解你们，（任用你们）你们打算怎么做呢?”子路轻率地、毫不思索地急忙回答说：“一个拥有一千辆兵车的国家，夹在几个大国之间，外有大国军队的侵犯，接着国内又遭受饥荒；让我去治理，等到三年时光，就可以使这个国家人人勇敢善战，而且懂得遵守礼仪。”孔子微微一笑。（又问）：“冉求！你怎么样？”冉求回答说：“一个方圆六七十里，或者五六十里的小国家，让我去治理，等到三年，就可以使百姓衣食丰足。至于礼乐教化，那只有等待贤人君子来施行了。”（孔子又问）“公西赤！你怎么样？”公西华回答说：“我不敢说自己能够做到，只是愿意学习。在宗庙祭祀活动中，或者在诸侯的盟会典礼上，我愿意穿着玄端礼服，戴着章甫礼帽，做一个小小的司仪员。”（孔子又问）“曾点！你怎么样？”曾皙弹瑟的速度放慢，节奏逐渐稀疏，铿的一声（琴瑟声止住了。）曾皙站了起来说：“我的想法和他们三位所讲的不同。”孔子说：“那有什么关系呢？也不过是各人说说自己的志向啊。”曾皙便说：“暮春三月，春天的衣服已经穿定在身上了，约上五六位成年人，六七位少年，去沂河里洗洗澡，在舞雩台上吹吹风，然后一路唱着歌儿走回来。”孔子长叹一声说：“我赞成曾点的想法呀！”子路、冉有、公西华三人都出去了。曾皙留在了后面。他问孔子说：“他们三位的话怎么样？”孔子说：“也不过是各人说说自己的志向罢了。”曾皙又问：“您为什么笑仲由呢？”孔子说：“治理国家应该讲求礼仪，可是他的话一点也不谦虚，所以我笑他。”（曾皙又问）“难道冉求所讲的就不是治理国家的大事吗？”（孔子说）“哪里有方圆六七十里，或者五六十里见方的土地还不算一个国家呢？”（曾皙又问）“公西华所讲的不是治理国家的大事吗？”（孔子说）“有自个国家的宗庙，有同别的诸侯国的盟会，不是诸侯国是什么呢？如果公西赤只能做一个小赞礼人，那么又有谁能做大赞礼人呢？”

颜渊第十二

【原文】

（一）颜渊问仁。子曰："克己复礼为仁[①]。一日克己复礼，天下归仁焉[②]。为仁由己，而由人乎哉？"颜渊曰："请问其目[③]。"子曰："非礼勿视，非礼勿听，非礼勿言，非礼勿动。"颜渊曰："回虽不敏[④]，请事斯语矣[⑤]。"

【注释】

①克己：克制自己。复礼：使自己的言行合于西周时代的礼仪。复，返回，恢复。②天下归仁：天下的人就会称许你是仁人。归，归顺。这里作"赞许"讲。③目：具体的条目，纲目。④回：颜回。古人自称用名。不敏：不聪敏，迟钝，笨。⑤请事斯语矣：请让我照您这些话去做吧。事，从事，实行，照着做。斯，这，这些。代词。

【译文】

颜渊问怎么去实践仁。孔子说："克制自己，使自己的言行合于周礼，这就是仁。一旦这样做了，天下的人就会称许你是仁人。实施仁德完全在于自己，难道能靠别人吗？"颜渊说："请问实践仁德的具体纲目。"孔子说："不合于礼的东西不看，不合于礼的言论不听，不合于礼的话不说，不合于礼的事不做。"颜渊说："我虽然不聪明，请允许我照您这些话去做吧。"

【原文】

（二）仲弓问仁。子曰："出门如见大宾[①]，使民如承大祭[②]。己所不欲，勿施于人[③]。在邦无怨[④]，在家无怨[⑤]。"仲弓曰："雍虽不敏[⑥]，请事斯语矣。"

【注释】

①大宾：贵宾。②承大祭：承当重大的祭祀典礼。③己所不欲，勿施于人：自己不喜欢的，不要加给别人。施，加，施加。④邦：诸侯统治的国家为“邦”。⑤家：卿大夫统治的封地为“家”。⑥雍：姓冉，名雍，字仲弓。孔子学生。

【译文】

仲弓问怎么去实践仁。孔子说：“出门做事就像接待贵宾一样认真，役使百姓就像承当重大祭祀一样严肃、谨慎。自己不喜欢的事，不要强加给别人。做到在诸侯的国家做事，没有人怨恨自己；在卿大夫的封地做事，也没有人抱怨自己。”仲弓说：“我虽然不聪明，请允许我照您这些话去做吧。”

【原文】

（三）司马牛问仁①。子曰：“仁者，其言也讱②。”曰：“其言也讱，斯为之仁矣乎③？”子曰：“为之难，言之得无讱乎？”

【注释】

①司马牛：姓司马，名耕，字子牛。孔子的学生。②其言也讱（rèn）：仁人的言谈是很谨慎的。据司马迁《史记·仲尼弟子列传》说，司马牛“多言而躁”。孔子的话是针对他的缺点说的。讱，难，指话难说出口。这里指说话谨慎。③斯：就。副词。强调动作具备了某些条件才产生。

【译文】

司马牛问什么叫仁。孔子说：“仁人，他的言谈么，很谨慎。”司马牛说：“言谈谨慎，这就叫做仁了吗？”孔子说：“做起来很困难，说起来能够不谨慎吗？”

【原文】

（四）司马牛问君子。子曰：“君子不忧不惧。”曰：“不忧不惧，斯谓之君子已乎？”子曰：“内省不疚[①]，夫何忧何惧？”

【注释】

①内省（xǐng）不疚（jiù）：自己问心无愧。内，内心。省，反省，自我检查。疚，内心痛苦、惭愧。

【译文】

司马牛问怎样做才是君子。孔子说：“君子不忧愁，不畏惧。”曰：“不忧愁，不畏惧，这就叫做君子了吗？”孔子说：“自己问心无愧，那还有什么可以忧愁，可以畏惧的呢？”

【原文】

（五）司马牛忧曰：“人皆有兄弟，我独亡[①]。”子夏曰：“商闻之矣[②]：死生有命，富贵在天。君子敬而无失[③]，与人恭而有礼[④]。四海之内，皆兄弟也——君子何患乎无兄弟也？”

【注释】

①亡：通“无”。②商：姓卜，名商，字子夏。孔子学生。这里是子夏用名自称。③敬而无失：做事严肃认真，不出差错。敬，严肃。失，这里指放纵、随便。④恭：恭敬。

【译文】

司马牛忧愁地说：“别人都有兄弟，惟独我没有。”子夏说：“我听说过这样的话：‘死生由命运主宰，富贵在上天安排。’君子只要做事情认真、严肃而不出差错，对人恭敬注意礼仪。天下的人，就都是自己的兄弟了——君子又何必要忧愁没有兄弟呢？”

【原文】

（六）子张问明。子曰：“浸润之谮[①]，肤受之愬[②]，不行焉，可谓明也已矣[③]。浸润之谮，肤受之愬，不行焉，可谓远也已矣[④]。”

【注释】

①浸润之谮(zèn):指像水一样,一点一滴暗中传播、渗透进来的谗言。浸润,像水一样地渗透滋润。谮,谗言。②肤受之愬(sù):指像皮肤感受到疼痛那样的诬告。也就是切身受到的诽谤,直接的诽谤。愬,诬告。③明:明智。④远:远见。

【译文】

子张问怎样做才算是明智。孔子说:"暗中传播的谗言,直接受到的诽谤,在你那里都行不通,你就可以称得上明智了。暗中传播的谗言,直接受到的诽谤,在你那里都行不通,你就可以说有远见了。"

【原文】

(七)子贡问政。子曰:"足食,足兵①,民信之矣。"子贡曰:"必不得已而去②,于斯三者何先③?"曰:"去兵。"子贡曰:"必不得已而去,于斯二者何先?"曰:"去食。自古皆有死,民无信不立④。"

【注释】

①兵:兵器。这里指军备。②去:去掉。③何先:先做哪一样,这里是先去掉哪一样。④无信:不信任,没有信任。不立:站不住。

【译文】

子贡问怎样才能治理好国家。孔子说:"使粮食充足,使军备充足,让人民信任朝廷。"子贡说:"如果迫不得已一定要去掉一项,在这三项中先去掉哪一项呢?"孔子说:"去掉军备。"子贡说:"如果迫不得已还要去掉一项,在粮食和人民中去掉哪一项呢?"孔子说:"去掉粮食。(没有粮食,不过是死亡,但是)自古以来人都会死的,如果人民对执政者失去信任,国家就站不住了。"

【原文】

（八）棘子成曰[①]："君子质而已矣[②]，何以文为[③]？"子贡曰："惜乎[④]，夫子之说君子也[⑤]！驷不及舌[⑥]。文犹质也，质犹文也[⑦]。虎豹之鞟[⑧]，犹犬羊之鞟。"

【注释】

①棘（jí）子成：卫国大夫。②君子质而已矣：君子只要思想品质好就行。质，质地，本质。这里指能遵守礼的思想品质。而，顺承连词，可不译。已，止。这里指行了，可以了。③何以文为：要那些表面的礼节、仪式等干什么呢。何以，干什么用，何必用，何必要。文，文采，形式。这里指礼节、仪式等。④惜：可惜，遗憾。⑤夫子：古代大夫都可以被尊称为"夫子"。这里是子贡尊称棘子成。可以译为"先生"。⑥驷（sì）不及舌：四匹马拉的车也追不上说出了的话。也就是我们常说的：一言既出，驷马难追。古代一车套四马，所以"驷"指拉一辆车的四匹马。⑦文犹质也，质犹文也：指文采和本质一样重要。⑧鞟（kuò）：去掉了毛的兽皮，即"革"。这里的意思是说：如果只要质不要文，那么君子与一般人就无法区别，就像把虎豹的有文采的毛去掉以后，那和犬、羊的皮革就无法区别一样。

【译文】

棘子成说："君子只要思想品质好就可以了，何必要那些表面的礼节、仪式等文饰呢？"子贡说："先生您这样谈论君子，实在太遗憾了！（要知道）话一说出口，就是有四匹马也追不回来您的失言了，文采如同本质一样重要，本质也如同文采一样重要。（如果去掉了有文采的毛）虎豹的皮革就和犬羊的皮革没有什么区别了。"

【原文】

（九）哀公问于有若曰[①]："年饥，用不足，如之何？"有若对曰："盍彻乎[②]？"曰："二[③]，吾犹不足，如之何其彻也？"对曰："百姓足[④]，君孰与不足[⑤]？百姓不足，君孰与足？"

【注释】

①哀公：鲁国国君。姓姬，名蒋。于：介词。表所向，译为“向”。有若：姓有，名若。孔子的学生。即“学而”篇出现的“有子”。②盍（hé）：何不。为什么不。彻：西周奴隶制国家一种十分抽一的田税制度。③二：指十分抽二。表示加赋。④百姓：上古时只有奴隶主才有姓氏（氏是姓的分支）。故这里的百姓指奴隶主阶级。⑤君孰与不足：您跟谁不富足呢？意即“您怎么会不够呢”。孰与，即“与孰”。介词宾语“孰”，因为是疑问代词，故前置。

【译文】

鲁哀公问有若说：“年成不好，国家财政困难，怎么办？”有若回答说：“君王为什么不实行十成抽一的田税呢？”鲁哀公说：“十成抽二的税我还不够用，怎么能实行十成抽一的税法呢？”有若回答说：“如果百姓的用度充足，那您怎么会不够用呢？如果百姓的用度不够，您又怎么会够用呢？”

【原文】

（十）子张问崇德辨惑[①]。子曰：“主忠信[②]，徙义[③]，崇德也。爱之欲其生，恶之欲其死。既欲其生，又欲其死，是惑也。‘诚不以富，亦祇以异[④]。’”

【注释】

①崇德：提高道德修养。崇，高，使高。②主忠信：以忠诚信实为宗旨。③徙义：向义靠拢。徙，迁移。这里当“靠拢”讲。④诚不以富，亦祇以异：（你遗弃我另觅新欢，）即使不是嫌贫爱富，也是喜新厌旧。这是《诗经·小雅·我行其野》篇最后两句。这首诗表现了一个被遗弃的女子对她丈夫喜新厌旧的愤怒。引在这里很难解释，因此有人认为是错简。

【译文】

子张问怎样才能提高品德，辨别是非。孔子说：“以忠诚信实为宗旨，向义靠拢，这就能提高品德了。喜欢一个人，就希望他长生不老，厌恶一个人，就恨不得他立刻死掉。既希望他长寿，又希望他短命，这便是是非不清（感情用事）。（正如《诗经·小雅·我行其野》中所说的：）‘即使不是嫌贫爱富，也是喜新厌旧。’”

【原文】

（十一）齐景公问政于孔子。孔子对曰：“君君，臣臣①，父父，子子。”公曰：“善哉！信如君不君，臣不臣，父不父，子不子，虽有粟，吾得而食诸②？”

【注释】

①君君，臣臣：君要像个君，臣要像个臣。第二个“君”、“臣”是名词活用为动词。“父父、子子”句式结构相同。②诸：代词“之”和语气词“乎”的合音兼词。

【译文】

齐景公请教孔子怎样治理国家。孔子回答说：“做国君的要像个国君，做臣子的要像个臣子，做父亲的要像个父亲，做儿子的要像个儿子。”齐景公说：“讲得好啊！如果国君不像国君，臣子不像臣子，父亲不像父亲，儿子不像儿子，即使有粮食，我能够吃得着吗？”

【原文】

（十二）子曰：“片言可以折狱者①，其由也与②？”子路无宿诺③。

【注释】

①片言：诉讼双方中一方的言辞。片，半。折狱：断案。折，断判断。狱，诉讼案件。②其：语气副词，表示对动作行为的揣测，估计。可译为“大概”。③宿诺：拖了很久而没有实现的诺言。宿，久。

【译文】

孔子说："根据单方面的言辞就能够判决案件的，大概只有仲由吧？"子路从来没有许下诺言而拖延不实行的。

【原文】

（十三）子曰："听讼①，吾犹人也。必也使无讼乎②！"

【注释】

①听讼：指断案，审理诉讼案件。讼，诉讼，打官司。②必：一定，必须。

【译文】

孔子说："审理诉讼案件，我同别人差不多。（不同的是，我）一定努力使诉讼的事不发生啊！"

【原文】

（十四）子张问政。子曰："居之无倦①，行之以忠②。"

【注释】

①居之无倦：坚守官位不懈怠。居，身居官位。②行之以忠：用忠实的态度执行政令。以，介词。可译为"用"。

【译文】

子张请教怎样治理国家。孔子说："坚守职位不懈怠，执行政令要忠实。"

【原文】

（十五）子曰："博学于文，约之以礼，亦可以弗畔矣夫！"

【注释】

这条重出，见第六篇，第二十七章。

【原文】

（十六）子曰："君子成人之美，不成人之恶，小人反是[①]。"

【注释】

①反是：与这相反。是，代词。指代"成人之美，不成人之恶"。

【译文】

孔子说："君子成全别人的好事，而不促成别人的错误。小人则与此相反。"

【原文】

（十七）季康子问政于孔子。孔子对曰："政者，正也。子帅以正[①]，孰敢不正？"

【注释】

①帅：表率，带头。

【译文】

季康子请教孔子怎样治理好政事。孔子回答说："政，就是正的意思。您带头走正路，谁敢不走正路呢？"

【原文】

（十八）季康子患盗，问于孔子。孔子对曰："苟子之不欲[①]，虽赏之不窃。"

【注释】

①欲：贪求（财利）。

【译文】

季康子担忧盗贼太猖獗，请教孔子该怎么办。孔子回答说："如果您自己不贪求财利，即使您奖励偷窃，也没有人偷窃了。"

【原文】

（十九）季康子问政于孔子曰："如杀无道，以就有道[①]，何如？"孔子对曰："子为政，焉用杀？子欲善而民善矣。君子之德风，小人之德草。草上之风[②]，必偃[③]。"

【注释】

①就：亲近，接近。②草上之风：指草上有风，也即风吹到了草上。③偃（yǎn）：仆倒。

【译文】

季康子向孔子请教如何治理政事，他说："如果杀掉无道的人，而亲近有道的人，怎么样？"孔子回答说："您治理政事，哪里用得着杀人呢？只要您想做好事，人民也会跟着做好事。君子的品德就像是风，小民百姓的品德就像是草。风吹到了草上，草就必定会跟着倒向一边。"

【原文】

（二十）子张问："士何如斯可谓之达矣[①]？"子曰："何哉，尔所谓达者？"子张对曰："在邦必闻[②]，在家必闻[③]。"子曰："是闻也[④]，非达也。夫达也者，质直而好义[⑤]，察言而观色，虑以下人[⑥]。在邦必达，在家必达。夫闻也者，色取仁而行违[⑦]，居之不疑。在邦必闻，在家必闻。"

【注释】

①达：通达，行得通。孔子以为，具有仁德和智慧，名实相符，才能叫"达"。②在邦必闻：在诸侯统治的国家一定有名声。闻，有名望，有声誉。③家：指大夫治理的封邑。④闻：这里指虚假的名声。⑤质直而好义：品质正直，遵从、爱好礼仪。⑥虑以下人：经常想着谦恭待人。下人，对人谦恭有礼貌。⑦色取仁：表面上主张仁德。

【译文】

子张问："士怎么样做才可以叫通达了呢？"孔子说："你所说的通达是什么意思呢？"子张回答说："在诸侯的国家任职，一定有名声，在卿大夫的封地做事，也一定有名声。"孔子说："这个叫闻，并不是达呀。所谓通达么，就是品质正直，遵从、爱好礼仪。善于分析别人的言语，观察别人的神色，经常想着谦恭待人。这样，在诸侯的国家一定事事行得通，在卿大夫的封地也一定事事行得通。所谓有名声么，这种人表面上主张仁德，行动上却违背仁德，甚至以仁人自居而不加疑惑。他们在诸侯的国家必定会骗取名声，在卿大夫的封地也必定会骗取名声。"

【原文】

（二十一）樊迟从游于舞雩之下，曰："敢问崇德，修慝①，辨惑。"子曰："善哉问！先事后得，非崇德与？攻其恶，无攻人之恶，非修慝与？一朝之忿②，忘其身，以及其亲，非惑与？"

【注释】

①修慝（tè）：改正邪念。修，治。这里是改正的意思。慝，隐藏在心里的邪念。②忿（fèn）：忿怒，气愤。

【译文】

樊迟陪随孔子在舞雩台下散步，樊迟说："我斗胆问老师，怎样才能提高品德，改正邪念，辨别是非。"孔子说："问得好啊！首先努力做事，然后才有收获，不就是提高品德了吗？批评自己的过失，不指责别人的过失，这不就能改正自己的邪念了吗？由于一时的气愤，便忘掉了自身的安危，以至于牵连自己的亲人，这不是迷惑吗？"

【原文】

（二十二）樊迟问仁。子曰："爱人。"问知①。子曰："知人[2]。”樊迟未达[3]。子曰：“举直错诸枉[4]，能使枉者直。”樊迟退，见子夏曰：“乡也吾见于夫子而问知[5]，子曰，‘举直错诸枉，能使枉者直’，何谓也？”子夏曰：“富哉言乎！舜有天下，选于众，举皋陶[6]，不仁者远矣。汤有天下，选于众，举伊尹[7]，不仁者远矣。”

【注释】

①知：同“智”。②知人：了解人，鉴别人。③达：理解，明白。④举直错诸枉：见“为政”篇，第十九章。⑤乡（xiàng）：通“向”，刚才。⑥皋陶（gāo yáo）：传说是舜时掌管刑法的贤臣。⑦伊尹：商汤的宰相，曾辅助汤灭夏兴商。

【译文】

樊迟问什么是仁。孔子说：“爱人。”樊迟又问什么是智。孔子说：“善于识别人。”樊迟还不明白。孔子说：“把正直的人选拔、提举出来，位置摆在邪恶人之上，就能够使邪恶的人正直起来。”樊迟退了出来，见到子夏说：“刚才我见到老师问什么是智，老师说，‘把正直的人选拔、提举出来，位置摆在邪恶人之上，就能够使邪恶的人正直起来。’这是什么意思呢？”子夏说：“这话说得多么深刻啊！舜有了天下，在众人之中挑选，把皋陶选拔出来，不仁的人就被疏远了。汤有了天下，在众人之中挑选，把伊尹选拔出来，不仁的人也被疏远了。”

【原文】

（二十三）子贡问友。子曰：“忠告而善道之[1]，不可则止，毋自辱焉[2]。”

【注释】

①道（dǎo）：通“导”，引导。②毋自辱焉：不要自取侮辱。毋，副词，表示对动作行为的告诫、劝阻。可译为“不要”或“别”。焉，

句末语气词，可不译，也可译为“呀”。

【译文】

子贡问怎样对待朋友。孔子说：“忠诚地劝告他，恰当地引导他，他不听从就算了，不要自找侮辱呀。”

【原文】

（二十四）曾子曰：“君子以文会友①，以友辅仁②。”

【注释】

①以文会友：用文章、学问来结交朋友。②辅仁：辅助仁德，培养仁德。

【译文】

曾子说：“君子用文章、学问来结交朋友，借着朋友的帮助来培养仁德。”

子路第十三

【原文】

（一）子路问政。子曰："先之劳之①。"请益②。曰："无倦③。"

【注释】

①先之劳之：先教化百姓，然后再役使他们。先，先导，引导。也即教化。方位名词活用作动词。之，代词，指代百姓。劳之，使他们勤劳地工作。使动用法。②请益：请求多讲一些。益，增加。③倦：厌倦，懈怠。

【译文】

子路问怎样才能管理好政事。孔子说："先要教化好百姓，然后让他们勤劳、卖力地工作。"子路请求多讲一些。孔子说："办事不能懈怠。"

【原文】

（二）仲弓为季氏宰①，问政。子曰："先有司②，赦小过，举贤才。"曰："焉知贤才而举之？"子曰："举尔所知。尔所不知，人其舍诸③？"

【注释】

①宰：家臣，总管。②先有司：给手下的官吏带头。先，先做。带头做。方位名词活用作动词。有司，负责某项具体事务的官员。③人其舍诸：别人难道会把他埋没吗？意即了解他的人就会选用他。其，难道。表反诘的语气副词。舍，舍弃。诸，"之"和"乎"的合音兼词。

【译文】

仲弓做了鲁国季氏的家臣。孔子说："给你手下的官吏带头，赦免犯了小过错的人，选用贤良优秀的人才。"仲弓问："怎样才知道是优秀的人才，从而提拔任用他们呢？"孔子说："选拔任用你所了解的人。至于你所不了解的，别人难道会埋没他们吗？"

【原文】

（三）子路曰："卫君待子而为政①，子将奚先②？"子曰："必也正名乎③！"子路曰："有是哉，子之迂也④！奚其正？"子曰："野哉⑤，由也！君子于其所不知，盖阙如也⑥。名不正，则言不顺；言不顺，则事不成；事不成，则礼乐不兴；礼乐不兴，则刑罚不中⑦；刑罚不中，则民无所措手足⑧。故君子名之必可言也⑨，言之必可行也。君子于其言，无所苟而已矣⑩。"

【注释】

①卫君：指卫出公，名辄。他的父亲蒯（kuài）聩（kuì）因谋杀南子（卫灵公夫人）被卫灵公驱逐出国。灵公死后，辄被立为国君，蒯聩回国与他争位，卫国内部出现一片混乱。孔子对他们违反等级名分的行为极为不满，所以主张用"正名"的办法来治理卫国。②奚先：先干什么。奚，疑问代词做宾语，前置。③正名：纠正礼制、名分上的用词不当现象。即按照周礼规定的等级名分，去纠正一切不符合周礼的现象，恢复"君君、臣臣、父父、子子"的局面，使社会上的所有人都能各从其类，各守其位。④迂：迂腐，迂阔，不合时宜。⑤野：鲁莽，粗野。⑥盖阙如也：大概总是采取了存疑的态度。阙，通"缺"。存疑，保留。如，词尾。⑦中（zhòng）：得当。⑧措手足：放置手足。"无所措手足"即手足无措。也就是不知该怎么办才好。⑨名之必可言：确定一个名分，必须能够说得明白、在理。名之，给它确定名分。名，名词活用作动词。⑩无所苟：没有一点随便、马虎的地方。苟，随便，马虎，所苟，所字结构，为名词性质。

【译文】

子路说："假如卫国的国君等着您去治理国家，您打算先做什么？"孔子说："一定先纠正名分上的用词不当现象。"子路说："您不合时宜竟到了这样的地步！为什么要去正名分呢？"孔子说："仲由，你太庸俗浅薄了！君子对自己不懂的事情，总是采取存疑的态度。名分不正，讲起话来就不顺当合理；说话不顺当合理，工作就不可能搞好；工作搞不好，国家的礼乐制度就兴盛不起来；礼乐制度兴盛不起来，刑罚的执行也不会得当；刑罚执行不得当，老百姓就会手足无措，不知该怎么办才好。所以君子确定一个名号，必须能说得明白、在理，说得明白、在理的话，一定能够行得通。君子对待自己说的任何一句话，没有一点随便、马虎的地方才罢了。"

【原文】

（四）樊迟请学稼①。子曰："吾不如老农。"请学为圃②。曰："吾不如老圃。"樊迟出。子曰："小人哉③，樊须也④！上好礼，则民莫敢不敬；上好义，则民莫敢不服；上好信，则民莫敢不用情⑤。夫如是，则四方之民襁负其子而至矣⑥，焉用稼？"

【注释】

①稼：种植谷物。②为圃：指种菜。圃，种植蔬菜、花草的园地。③小人：这里指没有知识，没有出息的人。④樊须：即樊迟。名须，字子迟。上古尊卑等级森严，尊对卑称名，卑自称也用名。⑤用情：用真情，诚实，说真话。⑥襁（qiǎng）：背小孩的宽带子。

【译文】

樊迟向孔子请教如何种田。孔子说："我不如老农民。"樊迟又向孔子请教如何种菜。孔子说："我不如老菜农。"樊迟退了出去。孔子说："樊迟真是个没出息的小人。执政者重视礼仪，那么老百姓就没有人敢不尊敬的；执政者重视道义，那么老百姓就没有人敢不服从的；执政者重视诚恳信实，那么老百姓就没有人敢不说真话的。做到这样，天下的老百姓就会背着孩子来投奔，哪里用得着自己去种庄稼呢?”

【原文】

（五）子曰：“诵诗三百①，授之以政，不达②；使于四方，不能专对③；虽多，亦奚以为④?”

【注释】

①诗：指《诗经》。在西周和春秋时期，从政者，尤其外交人员，多借用《诗经》上的诗句表情达意。②不达：指行不通，办不了。达，通达。③专对：独立地谈判交涉。指使臣在外，要独立行事，根据具体情况随机应变去进行一切交涉应对。对，对答。④亦奚以为：又有什么用呢？以，用。动词。为，句末语气助词，表疑问。可译为“呢”。

【译文】

孔子说：“熟读了《诗经》三百篇，把政务交给他去处理，却办不了；让他当外交官员，出使诸侯国，又不能根据具体情况随机应变去独立地进行一切交涉应对；《诗经》的篇目即使背得再多，又有什么用呢?”

【原文】

（六）子曰：“其身正，不令而行①；其身不正，虽令不从。”

【注释】

①令：发命令。

【译文】

孔子说：“执政者自身行为端正，就是不发布命令，老百姓也会去干；执政者自身行为不端正，就是发布命令，老百姓也不会服从。”

【原文】

（七）子曰："鲁卫之政，兄弟也[①]。"

【注释】

①鲁卫之政，兄弟也：鲁国的始祖是周公旦，卫国的始祖是康叔。周公旦和康叔是兄弟。鲁国和卫国当时相处和睦，然而两国内部新旧势力之间又都斗争激烈，因此孔子如此说。

【译文】

孔子说："鲁国和卫国的政事，就像兄弟的事一样（相差不远）。"

【原文】

（八）子谓卫公子荆[①]，"善居室[②]。始有，曰：'苟合矣[③]。'少有[④]，曰：'苟完矣[⑤]。'富有，曰：'苟美矣。'"

【注释】

①公子荆：卫国大夫，字南楚，卫献公的儿子。②善居室：善于管理家业。居，居处。居室指处家过日子。③苟合矣：差不多够了。苟，聊且，差不多。合，足，够。④少（shǎo）有：稍稍增加了一点。少，稍稍，略微。⑤完：完备。

【译文】

孔子谈起卫国的公子荆时说："他很会管理家业。当他刚开始有一点财产的时候，便说道：'差不多够了。'又稍稍增加了一些，他就说：'差不多完备了。'当达到富足的时候，就说：'这算完美了。'"

【原文】

（九）子适卫，冉有仆[①]。子曰："庶亦哉[②]！"冉有曰："既庶矣，又何加焉[③]？"曰："富之[④]。"曰："既富矣，又何加焉？"曰："教之。"

【注释】

①仆：驾车。②庶：多，众多。这里指人口众多。③何加：添加什么呢。即指人口够了后还该做什么事。④富之：使他们富起来。使动用法。

【译文】

孔子到卫国去，冉有为他驾车。孔子说："卫国人口真多啊！"冉有问："人口众多后，该做些什么呢？"孔子说："让老百姓富裕起来。"冉有又问："富裕以后，还该做些什么呢？"孔子说："教育他们。"

【原文】

（十）子曰："苟有用我者[①]，期月而已可也[②]，三年有成。"

【注释】

①苟：如果。连词，表条件关系。②期（jī）月：一周年。可：可以了。这里指会有起色。

【译文】

孔子说："如果有人任用我治理国家，一年的时间就会有起色，三年便会做出成绩。"

【原文】

（十一）子曰："善人为邦百年[①]，亦可以胜残去杀矣[②]。诚哉是言也[③]！"

【注释】

①为邦：治理国家。②残：残暴。这里指推翻邦国的暴力行动。去：免除。③诚：诚笃，对。

【译文】

孔子说："善人治理国家一百年，也就可以战胜残暴，免除杀戮了。这话说得真对啊！"

【原文】

（十二）子曰："如有王者①，必世而后仁②。"

【注释】

①王（wàng）者：成就王业，统治天下的人。者字结构，为名词性质。这里指孔子理想中的帝王。②必世而后仁：一定得三十年才能实现仁政。世，一世为三十年。这里指经过一世，是名词活用作动词。

【译文】

孔子说："假如有王者出现，也一定需要经过三十年时间，仁政才能大行于天下。"

【原文】

（十三）子曰："苟正其身矣，于从政乎何有①？不能正其身，如正人何②？"

【注释】

①于从政乎何有：对管理政事来说有什么困难呢？乎，介词。译为"对"。何有，有何（难），宾语前置。②如正人何：对端正别人能起什么作用呢？意即也端正不了别人。

【译文】

孔子说："如果能端正自身的行为，那么管理政事有什么困难呢？如果不能使自身品行端正，那又怎能使别人端正呢？"

【原文】

（十四）冉子退朝。子曰："何晏也①？"对曰："有政。"子曰："其事也。如有政，虽不吾以[②]，吾其与闻之[③]。"

【注释】

①晏：迟，晚。②不吾以：不任用我。以，用。动词。这句为否定句代词作宾语，故前置。③吾其与闻之：我也会知道的。其，句中语气词，起舒缓语气的作用，可不译。与，参与。

【译文】

冉求从季氏府办完了公事回来，孔子说："为什么回来得这么晚呢？"冉求回答说："有政事商议。"孔子说："那只是季氏封邑的事吧。假如是国家的政务，虽然国君不任用我了，我（曾做过大夫）也会知道的。"

【原文】

（十五）定公问："一言而可以兴邦[①]，有诸[②]？"孔子对曰："言不可以若是其几也[③]。人之言曰：'为君难，为臣不易。'如知为君之难也，不几乎一言而兴邦乎？"曰："一言而丧邦，有诸？"孔子对曰："言不可以若是其几也。人之言曰：'予无乐乎为君[④]，唯其言而莫予违也[⑤]。'如其善而莫之违也，不亦善乎？如不善而莫之违也，不几乎一言而丧邦乎？"

【注释】

①一言：一句话。②诸："之"和"乎"的合音兼词。③言不可以若是其几也：不可能有这样的话，但接近这样的话是有的。几，近，接近。④予无乐乎为君：我做国君，并没有可以高兴快乐的。乎，介词。和"为君"组成介宾结构，作全句补语。可不译，也可译为"对"。⑤莫予违：没有人敢违抗我（的话）。否定句，代词"予"作宾语，前置。后句的"莫之违"结构同此。

【译文】

鲁定公问："一句话就可以使国家兴盛，有这样的话吗？"孔子回答说："不可能有这样的话，但近似这样的话是有的。有人说：'做君主难，做臣下也不容易。'如果知道做君主难（就会认真谨慎地去做），那不近似一句话使国家兴盛了吗？"定公又问："一句话就可以使国家丧亡，有这样的话吗？"孔子回答说："不可能有这样的话，但接近这样的话是有的。有人说：'我做国君没有感到有什么可快乐的，惟一高兴的事是我说的话没有人敢违抗。'如果说的话正确，没有人敢违抗。不也很好吗？如果说的话不正确，却没有人敢违抗，不近似一句话就可以使国家丧亡吗？"

【原文】

（十六）叶公问政①。子曰："近者悦②，远者来。"

【注释】

①叶（旧读shè）公：叶公姓沈，名诸梁，字子高。楚国的大夫，叶地（今河南叶县南有古叶城）的县令。②近者：指境内的人。和"远者（境外的人）"相对而言。悦：使高兴。和下句的"来"都是使动用法。

【译文】

叶公问孔子怎样管理政事。孔子说："使你治理下的百姓感到高兴，使你境外的百姓都能来投奔。"

【原文】

（十七）子夏为莒父宰①，问政。子曰："无欲速②，无见小利。欲速，则不达；见小利，则大事不成。"

【注释】

①莒（jǔ）父：鲁国的一个城邑。在今山东莒县境内。宰：县令。②欲速：求快，图快。

【译文】

子夏做了莒父的县令，向孔子请教怎样办理政事。孔子说："不要求快，不要贪图小利。求快反而达不到目的；贪图小利，就办不成大事。”

【原文】

（十八）叶公语孔子曰：“吾党有直躬者[①]，其父攘羊[②]，而子证之[③]。”孔子曰：“吾党之直者异于是：父为子隐[④]，子为父隐。——直在其中矣。”

【注释】

①党：家乡，本乡本土。古代一万二千五百家为乡，五百乡为党。直躬者：直身而行者，即坦白直率的正直人。②攘（rǎng）：偷窃。③证：告发。④隐：隐瞒。孔子主张父慈、子孝。所以提出父子应该相隐。

【译文】

叶公对孔子说：“我家乡有个坦白直率的人，他父亲偷了人家的羊，他就亲自去告发。”孔子说：“我家乡正直的人与你处的不同：父亲为儿子隐瞒，儿子为父亲隐瞒。——所谓直率就表现在这里了。”

【原文】

（十九）樊迟问仁。子曰：“居处恭[①]，执事敬[②]，与人忠。虽之夷狄[③]，不可弃也。”

【注释】

①恭：庄重。“恭”主要指言语行动等外表。②敬：严肃认真。“敬”主要指对事的态度。③夷狄：我国古代称东方和北方的少数民族为夷狄。

【译文】

樊迟问怎样做才算仁。孔子说：“在家独处时庄重恭敬，办事时严肃认真，对待他人忠心诚实，即使到了夷狄地区，这三种品质也不能丢弃啊。”

【原文】

（二十）子贡问曰：“何如斯可谓之士矣？”子曰：“行己有耻[①]，使于四方，不辱君命，可谓士矣。”曰：“敢问其次。”曰：“宗族称孝焉，乡党称弟焉[②]。”曰：“敢问其次。”曰：“言必信，行必果[③]，硁硁然小人哉[④]！——抑亦可以为次矣。”曰：“今之从政者何如？”子曰：“噫！斗筲之人[⑤]，何足算也？”

【注释】

①行己有耻：论行为，自己要有廉耻之心。②乡党：家乡，本乡本土。这里指同乡土的人。弟（tì）：通“悌”。指尊敬、顺从兄长。③果：果断，坚决。④硁硁（kēng）然：浅薄固执的样子。然，形容词词尾。⑤斗筲（shāo）之人：指器量狭小的人。斗，古代量器。筲，竹器。斗筲的容量都很小，故用以指器量狭小的人。

【译文】

子贡问道：“怎样才可配称为士呢？”孔子说：“自己的行为能保持廉耻之心，出使到其他诸侯国，能够不辜负君主的委托，这种人便可以配称士了。”子贡说：“请问次一等的呢？”孔子说：“同宗族的人称赞他孝顺父母，同乡土的人称赞他尊敬、顺从兄长。”子贡又说：“请问再次一等的呢？”孔子说：“说话一定讲信用，能兑现，行动一定果断，坚决，那只是（只管自己言行的）浅薄固执的小人呀！不过也可以说是再次一等的士了。”子贡又说：“现在的执政者，您看怎么样？”孔子说：“哎！都是些度量见识狭小的人，哪里值得评论呢？”

【原文】

（二十一）子曰：“不得中行而与之[①]，必也狂狷乎[②]！狂者进取，狷者有所不为也。”

【注释】

①中行：奉行中庸之道的人。行，道。与：相与，交往。②狂：狂妄，激进。即志向高大却未必能够实行。狷（juàn）：狷介，拘谨。即性情耿直，却洁身自好。

【译文】

孔子说："我找不到言行都合乎中庸之道的人和他们交往，那必定只能和激进的人、拘谨的人交往。激进的人敢作敢为，拘谨的人不会做坏事。"

【原文】

（二十二）子曰："南人有言曰：'人而无恒[①]，不可以作巫医[②]。'善夫！""不恒其德，或承之羞[③]。"子曰："不占而已矣。"

【注释】

①而：假设连词，可译为"如果"。恒：恒心。②巫医：用占卦的方法给人治病的人。③不恒其德，或承之羞：这两句引自《易经·恒卦·爻辞》。意思是说无恒心的人不必去占卦，因为他只能有凶，不会有吉。恒，长久保持。形容词活用作动词。或，有时，时时。承，遭受。

【译文】

孔子说："南方曾经有个人说过：'人做事如果没有恒心，就连巫医也做不了。'这话说得真好！"《易经》上也说："如果不能长久地保持自己的德操，免不了要遭受羞辱。"孔子说："（这话是说，没有恒心的人）不必去占卦了。"

【原文】

（二十三）子曰："君子和而不同[①]，小人同而不和。"

【注释】

①和：和谐，协调。同：指人云亦云，盲目附和。

【译文】

孔子说："君子讲协调，却能保持自己的个性而不盲目附和；小人只会盲从附和，却不表示自己的意见。"

【原文】

（二十四）子贡问曰："乡人皆好之[1]，何如？"子曰："未可也。""乡人皆恶之[2]，何如？"子曰："未可也；不如乡人之善者好之，其不善者恶之[3]。"

【注释】

①好：喜欢，赞扬。②恶（wù）：讨厌，憎恶。③不如：赶不上。指前面说的两种人比不上后面说的人，故译为"最好的人"。

【译文】

孔子说："全乡人都赞扬的人，这种人怎么样呢？"孔子说："还不能肯定。"（子贡又问：）"全乡人都憎恶的人，这种人怎么样呢？"孔子说："这也不能肯定。最好的人是全乡的好人都赞扬他，全乡的坏人都憎恶他。"

【原文】

（二十五）子曰："君子易事而难说也[1]。说之不以道，不说也；及其使人也，器之[2]。小人难事而易说也。说之虽不以道，说也；及其使人也，求备焉[3]。"

【注释】

①君子易事而难说（yuè）：在君子处办事容易，要讨得他喜欢却很不容易。说，同"悦"。使喜悦。使动用法。（后面五个"说"均同"悦"）②器之：指按各个人的才能而加以合理使用。也即量才使用。器，名词活用作动词。③求备：求全，求完备。

【译文】

孔子说："在君子那里办事容易，而要讨得他喜欢却很难。不按正道想博得他的欢心，他是不会喜欢你的；等到他要使用人的时候，他会按照各个人的才能而加以合理地使用。在小人那里办事很困难，但要讨得他的欢心却很容易。即使你不按正道去讨他的欢心，他也会欢喜的；等到他使用人的时候，却要求样样都能做好。"

【原文】

（二十六）子曰："君子泰而不骄[①]，小人骄而不泰。"

【注释】

①泰：心情安详、坦然。

【译文】

孔子说："君子安详、坦然而不傲慢。小人傲慢而心情不得安宁。"

【原文】

（二十七）子曰："刚、毅、木、讷[①]，近仁。"

【注释】

①毅：坚毅，果断。木：质朴，朴实。讷（nè）：说话迟钝。

【译文】

孔子说："刚强、果断、朴实、言语谨慎，有这四种品德就接近仁了。"

【原文】

（二十八）子路问曰："何如斯可谓之士矣？"子曰："切切偲偲[①]，怡怡如也[②]，可谓士矣。朋友切切偲偲，兄弟怡怡。"

【注释】

①切切偲偲（sī）：互相间恳切地提出善意批评的样子。切切，恳切。偲偲，相互督促，相互勉励。②怡怡如：和悦、愉快的样子。如，形容词词尾。

【译文】

子路问道："怎样做才配称为士？"孔子说："互相督促，勉励，亲切和气，可以叫做士了。朋友之间要互相督促，勉励，兄弟之间要和悦、愉快。"

【原文】

（二十九）子曰："善人教民七年，亦可以即戎矣[①]。"

【注释】

①即戎（róng）：当兵打仗。即，就，从事。戎，戎事，战争。

【译文】

孔子说："善人教导人民七年，就可以叫他们去参军作战了。"

【原文】

（三十）子曰："以不教民战，是谓弃之。"

【译文】

孔子说："用没有受过训练的人民去打仗，这就叫做抛弃他们。"

宪问第十四

【原文】

（一）宪问耻[①]。子曰："邦有道，谷[②]；邦无道，谷，耻也。""克、伐、怨、欲不行焉[③]，可以为仁矣？"子曰："可以为难矣，仁则吾不知也。"

【注释】

①宪：姓原，名宪，字子思。孔子学生。②谷：这里指俸禄。③克：好胜。伐：自夸。

【译文】

原宪问什么叫做耻辱。孔子说："国家政治清明，去做官拿俸禄，（却不能有所作为；）国家政治黑暗，去做官拿俸禄，（不能独善其身，）这就叫做耻辱。"（原宪又问：）"好胜、自夸、怨恨、贪欲这四种毛病都没有的人，可以算做到仁了吧？"孔子曰："可以说难能可贵了，是否算做到了仁，那我就不知道了。"

【原文】

（二）子曰："士而怀居[①]，不足以为士矣。"

【注释】

①怀：思念，留恋。居：居处，安居。这里指安逸的家庭生活。

【译文】

孔子说："作为士却留恋安逸的家庭生活，就够不上做一个士了。"

【原文】

（三）子曰："邦有道，危言危行[①]；邦无道，危行言孙[②]。"

【注释】

①危：直，正直。②孙：通"逊"，随和，恭顺。

【译文】

孔子说："国家政治清明，便言语正直，行为正直；国家政治黑暗，行为要正直，但说话要随和，谨慎。"

【原文】

（四）子曰："有德者必有言，有言者不必有德。仁者必有勇，勇者不必有仁。"

【译文】

孔子说："有德行的人一定能说出有价值的言论，但能说出有价值的话的人，却不一定有德行。有仁德的人必然勇敢，但勇敢的人不一定有仁德。"

【原文】

（五）南宫适问于孔子曰[①]："羿善射[②]，奡荡舟[③]，俱不得其死然。禹稷躬稼而有天下[④]。"夫子不答。南宫适出，子曰："君子哉若人！尚德哉若人[⑤]！"

【注释】

①南宫适（kuò）：姓南宫，名适，字子容。孔子学生。②羿（yì）：传说是夏代有穷国的君主，射箭能手。曾夺夏太康的王位，后被其臣寒浞（zhuó）所杀。③奡（ào）：传说是寒浞的儿子。是个大力士，能够在陆地行舟，后为夏后少康所杀。荡舟：用舟师冲锋陷阵。即水战。荡，古人把左右冲杀叫荡。④禹：夏代的开国君主，治水有功，重视

农业生产。稷（jì）：传说是周朝国君的祖先，教民种植庄稼，被尊为谷神。躬：亲身，亲自。⑤尚：崇尚，尊重。

【译文】

南宫适问孔子说："羿善于射箭，奡擅长水战，最后都不得好死。禹和稷亲自种庄稼却得到了天下。"孔子没有回答。南宫适出去了，孔子说："这个人真是个君子呀！这个人崇尚道德呀！"

【原文】

（六）子曰："君子而不仁者有矣夫，未有小人而仁者也。"

【译文】

孔子说："君子中没有仁德的人是有的，小人中却不会有有仁德的人。"

【原文】

（七）子曰："爱之，能勿劳乎①？忠焉②，能勿诲乎？"

【注释】

①劳：使劳苦，使勤劳。使动用法。②焉："于"和"是"的合音兼词。

【译文】

孔子说："爱他，能不叫他勤劳吗？忠于他，能够不教诲他吗？"

【原文】

（八）子曰："为命①，裨谌草创之②，世叔讨论之③，行人子羽修饰之④，东里子产润色之⑤。"

【注释】

①为命：制定国家的政策命令。②裨谌（pí chén）：人名。郑国的

大夫。草创：起草。创，造，写。③世叔：即子太叔，名游吉。郑国的大夫。讨论：指由一个人去研究之后提出意见。与今天“讨论”意义不同。讨，寻究。论，讲，说。④行人：外交官。子羽：姓公孙，名挥，字子羽。⑤东里子产：东里居住的子产。东里，地名。郑国大夫子产居住的地方。子产，姓公孙，名侨，字子产，郑穆公的孙子，郑国的正卿。是春秋时代与管仲齐名的大政治家，主持郑国国政二十多年，无论内政外交，都有显著功绩。润色：指加以文采。这一章是孔子叙述郑国的政令制定都是由郑国四个贤大夫共同完成的，所以《左传》说，“(郑国)鲜有败事”。

【译文】

孔子说：“郑国制定政策法令的过程是由禆谌起草，世叔提意见，外交官子羽加以修饰，最后由子产作文辞上的修改加工。”

【原文】

(九)或问子产[①]。子曰：“惠人也[②]。”问子西[③]。曰：“彼哉！彼哉！”问管仲。曰：“人也。夺伯氏骈邑三百[④]，饭疏食[⑤]，没齿无怨言[⑥]。”

【注释】

①或：有人。无定指代词。②惠人：有恩惠于民的人。“惠”是“人”的定语。③子西：名申，字子西。楚国的令尹(相当宰相)。子西的政绩不足称，又曾阻止楚昭王任用孔子。孔子说“彼哉！彼哉！”这是当时人表示轻视的习惯语。④伯氏：齐国的大夫。骈(pián)邑：齐国地名。⑤饭：吃。名词活用为动词。疏食：粗食。⑥没齿：指死。齿，岁数，年龄。

【译文】

有人问子产是怎样的人。孔子说：“是个有恩惠于民的人。”问子西是怎样的人。孔子说：“他呀！他呀！”问管仲是怎样的人。孔子说：“他是个人才呀。他剥夺了伯氏骈邑三百户的封地，弄得伯氏吃粗茶淡饭过日子，但伯氏（自知自己有罪）直到老死也没有怨言。”

【原文】

（十）子曰：“贫而无怨难，富而无骄易。”

【译文】

孔子说：“贫穷而能够没有怨言很难做到，富有而不骄傲容易做到。”

【原文】

（十一）子曰：“孟公绰为赵魏老则优[①]，不可以为滕薛大夫[②]。”

【注释】

①孟公绰：鲁国大夫。性寡欲，是孔子所尊敬的人。赵、魏：晋国最有权势的大夫赵氏、魏氏。老：古代，大夫的家臣称老，也称室老。②滕、薛：两个小诸侯国。都在今山东滕县西南。距鲁国很近。赵氏、魏氏贪权，家臣很清闲，所以孟公绰去做赵氏、魏氏的家臣，才力是有余的。滕国、薛国虽小，但政务繁杂，孟公绰去做滕国、薛国的大夫却不能胜任。

【译文】

孔子说：“孟公绰去做晋国赵氏、魏氏的家臣，才力是有余的，但却不能做滕国、薛国这样小国的大夫。”

【原文】

（十二）子路问成人[①]。子曰：“若臧武仲之知[②]，公绰之不欲，卞庄子之勇[③]，冉求之艺，文之以礼乐[④]，亦可以为成人矣。”曰：“今之成人者何必然？见利思义，见危授命，久要不忘平生之言[⑤]，亦可以为成人矣。”

【注释】

①成人：全人，完美无缺的人。②臧武仲：即鲁国大夫臧孙纥（hé），他在齐国时，预料齐庄公将被杀而拒绝接受齐庄公给他的封地，因而后来没有受到牵连，人们认为他很聪明。知：同“智”。③卞庄子：鲁国大夫。封地在卞邑（今山东泗水县东）。传说他曾独身打虎，以勇著称。④文：修饰。⑤要：通“约”，穷困的意思。

【译文】

子路问怎样才是个完美无缺的人。孔子说：“能像臧武仲的聪明，孟公绰的廉洁，卞庄子的勇力，冉求的才艺，再用礼乐加以修饰，也就可以成为一个完人了。”孔子又说：“现在要成为完人哪里一定要这样要求呢？（只要能做到）看到财利而能想到道义，遇到危难肯献出性命，久处困境而不忘记平生的诺言，也可以算做一个完人了。”

【原文】

（十三）子问公叔文子于公明贾曰①：“信乎，夫子不言②，不笑，不取乎？”公明贾对曰：“以告者过也③。夫子时然后言④，人不厌其言；乐然后笑，人不厌其笑；义然后取⑤，人不厌其取。”子曰：“其然，岂其然乎？”

【注释】

①公叔文子：名拔，卫国大夫，卫献公之孙，谥号“文”，所以称他为公叔文子。公明贾：姓公明，名贾，卫国人，公叔文子的使臣。②夫子：指公叔文子。③以：这里作“此”讲。④时：合时，即该说时。名词活用作动词。⑤义：符合义。名词活用作动词。

【译文】

孔子向公明贾问到公叔文子，说：“有人说他老先生不说，不笑，不取财，是真的吗？”公明贾回答说：“这是传话人说错了。他老人家到该说话时才说，所以别人不讨厌他讲话；高兴了才笑，所以别人不讨厌他笑。取财符合义时才取，所以别人不讨厌他取财。”孔子说：“是这样吗？难道真的是这样吗？”

【原文】

（十四）子曰：“臧武仲以防求为后于鲁[①]，虽曰不要君[②]，吾不信也。”

【注释】

①防：鲁国地名。臧武仲受封的地方，在今山东费县东南。公元前550年（鲁襄公23年），臧武仲因帮助季氏废长立少，得罪孟孙氏逃到邻国，不久从邻国回到他的封地防城，凭借防向鲁国国君请求为臧氏在鲁国立后代（即立臧氏的子弟为卿大夫）。得到允许后，他才流亡到齐国。②要（yāo）：要挟。

【译文】

孔子说：“臧武仲凭借他的封地防城请求鲁君为臧氏在鲁国立后代。虽然有人说他不是要挟国君，我不相信。”

【原文】

（十五）子曰：“晋文公谲而不正[①]，齐桓公正而不谲[②]。”

【注释】

①晋文公：姓姬，名重耳。春秋时期著名的霸主之一。谲（jué）：欺诈，玩弄权术。晋文公称霸时，曾召见周天子，孔子认为这不符合周礼，故说他“谲而不正”。②齐桓公：姓姜，名小白。他任用管仲为相，成为春秋时期著名的霸主之一。他称霸，讨伐其他诸侯国打着“尊王”的旗号。故孔子说他“正而不谲”。

【译文】

孔子说：“晋文公善于玩弄手段而不正派，齐桓公正派而不玩弄手段。”

【原文】

（十六）子路曰："桓公杀公子纠[①]，召忽死之[②]，管仲不死。"曰："未仁乎？"子曰："桓公九合诸侯[③]，不以兵车[④]，管仲之力也。如其仁[⑤]，如其仁。"

【注释】

①桓公杀公子纠：公子纠，姓姜，名纠。齐桓公的哥哥。为夺君位，被桓公杀死。公子，古代诸侯的儿子除太子外，都被尊称为公子。②召（shào）忽：公子纠的师傅，也是家臣。公子纠和公子小白的哥哥齐襄公即位后不行君道，两人怕受牵累，小白的师傅鲍叔牙奉侍小白逃往莒国，管仲和召忽奉侍纠逃往鲁国。襄公被杀以后，小白先入齐国，立为国君，便兴兵伐鲁，迫使鲁杀了纠。召忽为此自杀，管仲经鲍叔牙极力举荐，归服了齐桓公，当了宰相，辅助桓公成就了霸业。死之：为纠而死，也即自杀殉主。为动用法。③九合诸侯：指齐桓公成为霸主后，曾十多次召集诸侯盟会。九，泛指多次，不是实指。④以：靠，用。兵车：战车。这里指武力。⑤如：这里作"乃"讲。可译为"就是"。

【译文】

子路说："齐桓公杀了他哥哥公子纠，召忽自杀殉主，管仲却没有死。"子路问："管仲不能算是仁人吧？"孔子说："齐桓公曾十多次召集天下的诸侯会盟，不使用武力，这都是管仲出的力啊。这就算是他的仁德，这就算是他的仁德！"

【原文】

（十七）子贡曰："管仲非仁者与？桓公杀公子纠，不能死，又相之[①]。"子曰："管仲相桓公，霸诸侯，一匡天下[②]，民到于今受其赐。微管仲[③]，吾其被发左衽矣[④]。岂若匹夫匹妇之为谅也[⑤]，自经于沟渎而莫之知也[⑥]？"

【注释】

①相：辅佐，辅助。②一匡天下：使天下一切都归于正途。匡，

正。③微：没有，动词。这个“微”常用在假设句，翻译时前面可加上“如果”二字。④其：句中语气词，表测度，有“恐怕”的意思。被：通“披”。左衽：衣襟向左开。这是当时少数民族的服饰打扮。这是指沦为落后民族。左，方位名词活用作动词。⑤匹夫匹妇：指平民百姓中的男女。谅：遵守信用。这里指小节小信。略含道义上的固执。⑥自经：自缢。即上吊自杀。沟渎（dú）：小沟渠。

【译文】

子贡说：“管仲不能算是仁人吧？桓公杀了管仲的主人公子纠，他不但没有自杀殉主，反而去辅佐齐桓公。”孔子说：“管仲辅佐桓公，帮桓公称霸诸侯，使天下的一切都走上正道，百姓到今天还享受他的好处。如果没有管仲，我们恐怕也会披着头发，衣襟向左开了。难道也要他像普通男女那样，遵守小节小信，去小山沟里自杀了也没有人知道吗？”

【原文】

（十八）公叔文子之臣大夫僎与文子同升诸公①。子闻之，曰：“可以为‘文’矣。”

【注释】

①僎（xún）：人名。原是公叔文子的家臣，由于文子的推荐，做了卫国的大臣。升诸公：升到公室做大夫。意即僎由家臣升为大夫，与公叔文子同位。诸，同“于”，译为到。公，公室，这里指诸侯的朝廷。

【译文】

孔子说：“公叔文子的家臣僎，（由于文子的推荐，）和文子一起做了卫国的大夫，孔子知道这件事后说：“（就这一点，也）可以给他‘文’的谥号了。”

【原文】

（十九）子言卫灵公之无道也①，康子曰②：“夫如是，奚而不丧[3]?”孔子曰：“仲叔圉治宾客[4]，祝鮀治宗庙[5]，王孙贾治军旅[6]，夫如是，奚其丧?”

【注释】

①卫灵公：卫国的国君。②康子：即季康子，姓季孙，名肥，“康”为他的谥号，“子”为尊称。鲁哀公时为正卿。③奚：用法同“何”，疑问代词。译为为什么，作状语。而：连词，连接状语和谓语中心词，可不译出。④仲叔圉（yǔ）：即孔文子，姓孔，名圉，“文”为他的谥号。卫国大夫。治：指接待。⑤祝鮀（tuó）：姓祝，名鮀，字子鱼。卫国大夫。⑥王孙贾：卫灵公的大臣。

【译文】

孔子说到卫灵公的昏庸无道时，季康子说：“既然像这样，为什么国家不败亡呢?”孔子说：“因为他有仲叔圉接待宾客，祝鮀主管祭祀，王孙贾指挥军队。像这样，他的国家怎么能败亡呢?”

【原文】

（二十）子曰：“其言之不怍[1]，则为之也难。”

【注释】

①怍（zuò）：惭愧。

【译文】

孔子说：“一个人说起话来大言不惭，那么他做起来一定是困难的。”

【原文】

（二十一）陈成子弑简公[1]。孔子沐浴而朝，告于哀公曰：“陈恒弑其君，请讨之。”公曰：“告夫三子[2]!”孔子曰：“以吾从大夫之后，不敢不告也。君曰‘告夫三子’者!”之三子告，不可。孔子曰：“以吾从大夫之后，不敢不告也。”

【注释】

①陈成子：即陈恒，又叫田成子。齐国的大夫。他适应封建势力发展的需要，在齐国推行了一系列革新措施，得到人民的拥护，终于在公元前 481 年杀死齐简公，拥立齐平公，掌握了齐的政权。简公：即齐简公。姓姜，名壬。公元前 484—前 481 年在位。②三子：指孟孙、季孙、叔孙三家大夫。由于鲁国政权旁落，这三家主宰着鲁国的政治，故哀公不敢自己做主。

【译文】

陈成子杀了齐简公。孔子听说后马上洗澡斋戒而后去朝见鲁哀公。他报告给哀公说："陈恒杀了他的国君，请君主出兵讨伐他。"鲁哀公说："你去报告三位大夫吧！"孔子（退了出来，）说道："因为我曾做过大夫，所以不敢不来报告。君主却说'你去报告三位大夫吧！'"，孔子去向三位大夫报告，但他们都不同意出兵讨伐。孔子又说："因为我曾做过大夫，所以不敢不来报告。"

【原文】

（二十二）子路问事君。子曰："勿欺也，而犯之①。"

【注释】

①犯：触犯。这里指规劝，批评。

【译文】

子路问怎样事奉君主。孔子说："不能欺骗他，但可以当面规劝他。"

【原文】

（二十三）子曰："君子上达①，小人下达②。"

【注释】

①上：指仁义。一说指"向上"（下指"向下"）。达：通达。②下：指财利。

【译文】

孔子说："君子通达于仁义，小人通达于财利。"

【原文】

（二十四）子曰："古之学者为己，今之学者为人。"

【译文】

孔子说："古代的人学习是为了充实提高自己，现在的人学习是为了装样子给别人看。"

【原文】

（二十五）蘧伯玉使人于孔子[①]。孔子与之坐而问焉，曰："夫子何为[②]？"对曰："夫子欲寡其过而未能也[③]。"使者出。子曰："使乎[④]！使乎！"

【注释】

①蘧（qú）伯玉：名瑗。卫国大夫。孔子到卫国时曾住在他家。②夫子：指蘧伯玉。古代尊称大夫为夫子。③欲寡其过：想减少自己的过错。寡，减少，少犯。形容词活用作动词。④使乎：好使者啊！孔子赞扬使者。正是赞扬蘧伯玉求进步急切，善于改过。

【译文】

蘧伯玉派了一个使者去拜访孔子。孔子与使者一起坐下后问使者说："老先生在做什么？"使者回答说："他老人家想减少自己的过错，但未能做到。"使者走出后，孔子说："好一位使者啊！好一位使者啊！"

【原文】

（二十六）子曰："不在其位，不谋其政[①]。"曾子曰："君子思不出其位。"

【注释】

①谋：谋划，考虑。

【译文】

孔子说："不在那个职位，就不要考虑那个方面的政事。"曾子说："君子考虑的事情，从来不超出他的职务范围。"

【原文】

（二十七）子曰："君子耻其言而过其行①。"

【注释】

①耻其言而过其行：以说的超过做的为可耻。耻……，意动用法。全句谓语。而，用法同"之"。用在主语和谓语间取消句子的独立性，使"其言而过其行"成为主谓词组，做了"耻"的宾语。过，超过。

【译文】

孔子说："君子认为说的多做的少是可耻的。"

【原文】

（二十八）子曰："君子道者三①，我无能焉：仁者不忧，知者不惑②，勇者不惧。"子贡曰："夫子自道也③。"

【注释】

①君子道：君子所遵循的原则。②知：同"智"。③自道：自我表述，自己说自己。谦词。道，言，说。

【译文】

孔子说："君子所遵循的道有三个方面，我都未能做到：仁德的人不忧愁，聪明的人不迷惑，勇敢的人无所畏惧。"子贡说："这正是老师的自我表述啊！"

【原文】

（二十九）子贡方人[①]。子曰："赐也贤乎哉？夫我则不暇[②]。"

【注释】

①方（bàng）人：说别人的过错。方，通"谤"。②暇（xiá）：闲暇时间。

【译文】

子贡经常评议别人的过错。孔子说："赐啊！你就那么好吗？我就没有那闲功夫。"

【原文】

（三十）子曰："不患人之不己知，患其不能也[①]。"

【注释】

①其：代词。指代自己。

【译文】

孔子说："不担心别人不了解自己，只担心自己没有能力。"

【原文】

（三十一）子曰："不逆诈[①]，不亿不信[②]，抑亦先觉者[③]，是贤乎！"

【注释】

①逆：预料，预先猜度。②亿：通"臆"，猜测。③抑：连词，表转折关系。可译为"然而"或"不过"等。

【译文】

孔子说："不事先怀疑别人欺诈，不随意猜测别人不诚实。然而却能及早觉察出来，这可是贤人啊！"

【原文】

（三十二）微生亩谓孔子曰[①]：“丘何为是栖栖者与[②]？无乃为佞乎[③]？”孔子曰：“非敢为佞也，疾固也[④]。”

【注释】

①微生亩：姓微生，名亩。鲁国隐士。②是：如此，这样。代词，作状语。栖栖（xī）：忙忙碌碌，奔波不定的样子。③佞（nìng）：能言善辩，花言巧语。④疾：讨厌，痛恨。固：指固执的人，形容词活用作名词。

【译文】

微生亩对孔子说：“孔丘，你为什么要这样忙忙碌碌到处奔波游说呢？你不成了一个用言辞取悦人的人了么？”孔子说：“我不敢卖弄自己的口才，而是痛恨那些固执的人。”

【原文】

（三十三）子曰：“骥不称其力[①]，称其德也。”

【注释】

①骥（jì）：千里马。

【译文】

孔子说：“千里马值得称赞的不是它的力气，值得称赞的是它的品德。”

【原文】

（三十四）或曰[①]：“以德报怨，何如？”子曰：“何以报德？以直报怨[②]，以德报德。”

【注释】

①或：有人。无定指代词。②直：正直，公正。这里指不隐瞒自

己的爱憎之情，该怎么办就怎么办。

【译文】

有人对孔子说："用恩德来回报怨恨，怎么样？"孔子说："那又用什么报答恩德呢？应该是用公平正直来报答怨恨，用恩德来报答恩德。"

【原文】

（三十五）子曰："莫我知也夫！"子贡曰："何为其莫知子也？"子曰："不怨天，不尤人[①]，下学而上达[②]。知我者其天乎！"

【注释】

①尤：怨恨，责备。②下学：指下学人事。而：连词，连接词组，表示并列关系。可不译。上达：指上达天命。

【译文】

孔子说："没有人了解我啊！"子贡说："怎么说没有人了解您呢？"孔子说："我不怨恨天，也不责备人。我向下学习人事，向上通达天命。了解我的只有天吧！"

【原文】

（三十六）公伯寮愬子路于季孙[①]。子服景伯以告[②]，曰："夫子固有惑志于公伯寮[③]，吾力犹能肆诸市朝[④]。"子曰："道之将行也与，命也；道之将废也与，命也。公伯寮其如命何！"

【注释】

①公伯寮：字子周。孔子的学生。曾作过季氏的家臣。愬：告发，控告。这里指诽谤。②子服景伯：名何，字伯，"服"为谥号。鲁国大夫。③夫子：这里尊称季孙氏。④肆：陈列尸体。诸："之"和"于"的合音兼词。市朝：街市。

【译文】

公伯寮在季孙氏处诽谤子路。子服景伯把这事告诉了孔子，说："他老先生已经被公伯寮迷惑了，我的力量能够杀掉公伯寮，把他陈尸街市示众。"孔子说："我的主张能够实行么，那是天命决定的；我的主张将要被废弃么，那也是天命决定的，公伯寮能把天命怎么样呢！"

【原文】

（三十七）子曰："贤者辟世[①]，其次辟地，其次辟色，其次辟言。"子曰："作者七人[②]矣。"

【注释】

①辟：同"避"，逃避，躲避。②七人：指伯夷、叔齐、虞仲、夷逸、朱张、柳下惠、少连等七人。

【译文】

孔子说："贤人逃避恶浊的社会而隐居起来，次一等的躲避到另一个地方去居住，再次一等的避开某些人难看的脸色，再次一等的避开某些人难听的话。"孔子又说："这样做的已经有七个人了。"

【原文】

（三十八）子路宿于石门[①]。晨门曰[②]："奚自[③]？"子路曰："自孔氏[④]。"曰："是知其不可而为之者与？"

【注释】

①石门：鲁国都城的外门。一说指地名，在今山东省平阴县北。②晨门：掌管早晚开闭城门的人。③奚自：即"自奚"。从什么地方（来）。疑问代词"奚"做介词"自"的宾语，前置。④孔氏：指孔子处。

【译文】

子路在石门住了一夜。（第二天早晨进城时，）看城门的人问道："你是从什么地方来的？"子路说："从孔氏那儿来的。"守门人说："就是那个明明知道行不通，却硬要去干的人吗？"

【原文】

（三十九）子击磬于卫①，有荷蒉而过孔氏之门者②，曰："有心哉，击磬乎！"既而曰："鄙哉，硁硁乎③！莫己知也，斯已而已矣④。深则厉，浅则揭⑤。"子曰："果哉⑥！末之难矣。"

【注释】

①磬（qìng）：一种打击乐器。用玉或石制成。②荷蒉（kuì）：担着草筐。荷，担，挑。蒉，盛土的草筐。③硁硁（kēng）：击磬的声音。这里含有狭小卑贱的意思。④已：算了。⑤深则厉，浅则揭：这两句诗选自《诗经·卫风·匏有苦叶》。这里用来比喻人的进退应该审时度势，不能"知其不可而为之"。深，水深。比喻社会黑暗。厉，连衣涉水过河。浅，水浅。比喻不十分黑暗，还可以不受沾染。揭，撩起衣服过河。⑥果：果断。

【译文】

孔子在卫国，一天正在击磬，有个挑着草筐的人从孔子门前走过。说道："有深意啊，这个人击磬！"过了一会儿又说："可鄙呀，硁硁的声音好像是说没有人了解自己。没有人了解自己就独善其身算了。好像过河，水深索性就连衣服过去，水浅就撩起衣服过去。"孔子说："好坚决啊！真没有办法说服他了。"

【原文】

（四十）子张曰："书曰①：'高宗谅阴②，三年不言。'何谓也？"子曰："何必高宗③，古之人皆然。君薨④，百官总己以听于冢宰三年⑤。"

【注释】

①书：指《尚书》。②高宗：殷高宗。即商王武丁。谅阴：古时天子居丧的名称。也作“谅”、“亮阴”。一说“谅阴”指居丧时所住的房子，又叫“凶庐”。③何必：为什么一定。熟语。也可不译。译文用的是意译。④薨（hōng）：古代等级森严，君王死称为“薨”。⑤总己：总摄己职。即各自管理好本职内的事。冢（zhǒng）宰：官名。相当后世的宰相。

【译文】

子张说：“《尚书》上说：‘殷高宗守孝，住在凶庐，三年不谈政事。’这是什么意思？”孔子说：“不只是高宗这样，古人都是这样。君主死了（继位的国君都要三年不问政事），这期间百官各自管理好本职内的事，然后都听命于冢宰。”

【原文】

（四十一）子曰：“上好礼，则民易使也[①]。”

【注释】

①使：使唤，役使。

【译文】

孔子说：“君主喜好依照礼仪办事，那么老百姓就容易听从指挥。”

【原文】

（四十二）子路问君子。子曰：“修己以敬[①]。”曰：“如斯而已乎[②]？”曰：“修己以安人[③]。”曰：“如斯而已乎？”曰：“修己以安百姓。修己以安百姓，尧舜其犹病诸[④]？”

【注释】

①以：连词，连接分句，表示目的。可译为“来”或“以便”。

下面几个“以”用法同此。②斯：代词。指代上面说的“修己以敬”。已：动词。这里可译为行了，够了。③安人：使百姓安乐。使动用法。④尧：传说中上古时代部落联盟的首领。帝喾（kù）的儿子，名放勋。初封于陶，后迁徙到唐，史称唐尧。舜：姚姓，有虞氏，名重华，史称虞舜。传说是尧传位给舜的。病：这里有“难”的意思。诸：“之”和“乎”的合音兼词。

【译文】

子路问怎样才算是君子。孔子说：“修身养性，严肃认真地对待工作。”子路问：“像这样就够了吗?”孔子说：“修养自己，使人们安乐。”子路又问：“像这样就够了吗?”孔子说：“修养自己，使所有的老百姓都得到安乐。修养自己，使老百姓都得到安乐，就是尧舜大概也难做到呢?”

【原文】

（四十三）原壤夷俟①。子曰：“幼而不孙弟②，长而无述焉③，老而不死，是为贼④。”以杖扣其胫⑤。

【注释】

①原壤：鲁国人。孔子的旧友。传说他母亲死了，孔子去帮他料理丧事，他却站在棺材上唱起歌来。孔子认为这是大逆不道。夷：两腿叉开坐叫“夷”。古代认为这是傲慢的表现。俟（sì)：等待。②孙弟：孝悌。孙，通“逊”，恭顺，懂礼仪。弟，通“悌”，敬爱兄长，顺从长上。③无述：没有建立什么功绩，可以被人称述的。④贼：害人的人。⑤胫：小腿。

【译文】

原壤叉开两腿坐着等待孔子。孔子说：“你幼小时不讲孝悌，长大后又没有什么建树，老了还不死，真是一个害人精。”孔子一面骂，一面用拐杖敲原壤的小腿。

【原文】

（四十四）阙党童子将命[①]。或问之曰："益者与[②]？"子曰："吾见其居于位也[③]，见其与先生并行也[④]。非求益者也，欲速成者也。"

【注释】

①阙（què）党：鲁国地名。在今山东曲阜县境内。是孔子的家乡。将命：指传宾主之言。阙党童子急于速成，孔子便让他做些使令之役，看看长幼之序，学学揖逊之礼。②益：增益。这里指上进。③居于位：与大人一起坐在席位上。按古礼，孩子只能坐在角落，没有席位。④先生：这是个词组，先于某而生的意思。这里指童子的长辈。并行：并肩而行。按古礼，小孩与长辈在一起，只能随行，不能并行。

【译文】

有一个阙党的儿童来向孔子传话。有人问孔子："这孩子是个要求上进的人吗？"孔子说："我看见他坐在成年人的位子上，又看见他与长辈并肩而行。他不是一个要求上进的人，是一个急于求成的人。"

卫灵公第十五

【原文】

（一）卫灵公问陈于孔子[1]。孔子对曰："俎豆之事[2]，则尝闻之矣；军旅之事，未尝学也。"明日遂行[3]。

【注释】

①陈：通"阵"。军队作战时，布列的阵势。②俎（zǔ）豆之事：俎和豆都是古代举行祭祀或举行礼仪时盛肉食的器皿。这里借指礼仪一类事情。③遂行：就走了。即离开了卫国。孔子之所以要离开卫国是因为孔子认为卫灵公治国没有抓住礼仪等根本。

【译文】

卫灵公问孔子军队列阵之法。孔子回答说："礼节仪式方面的事情，我还听说过；军队作战方面的事情，我没有学习过。"第二天孔子就离开了卫国。

【原文】

（二）在陈绝粮[1]，从者病[2]，莫能兴[3]。子路愠见曰[4]："君子亦有穷乎？"子曰："君子固穷[5]，小人穷斯滥矣[6]。"

【注释】

①在陈绝粮：孔子周游列国时，从陈国去蔡国的途中，因故被陈国人包围，断绝粮食七天。②病：重病。这里指饿得很厉害，以致病得爬不起来。③兴：兴起，起来。这里指行走。④愠（yùn）：恼怒，怨恨。⑤固穷：固守，安守穷困。指虽穷困依然坚守节操。固，形容词活用作动词。⑥滥：泛滥。这里指胡作非为。

【译文】

孔子周游列国时在陈国遭到陈人包围断绝了粮食，随从他的弟子们都饿得病倒了，不能起来行走。子路气呼呼地来见孔子说："君子也有穷困的时候吗？"孔子说："君子能够安守穷困，小人穷困了就会胡作非为。"

【原文】

（三）子曰："赐也，女以予为多学而识之者与[①]？"对曰："然，非与？"曰："非也，予一以贯之[②]。"

【注释】

①女（rǔ）：你。识（zhì）：记，记住。译为"懂得"。②一以：即"以一"。由于强调，介词宾语前置。

【译文】

孔子说："赐呀，你以为我是学得多了才懂得许多道理的吗？"子路回答说："是这样，难道不是这样吗？"孔子说："不是的，我能够用一个根本的东西贯彻始终。"

【原文】

（四）子曰："由！知德者鲜矣[①]。"

【注释】

①鲜：少。

【译文】

孔子说："仲由呀！懂得德的人太少了。"

【原文】

（五）子曰："无为而治者其舜也与[①]？夫何为哉[②]？恭己正

南面而已矣[3]。”

【注释】

①无为：无所作为，也即什么都不干。这是道家的哲学思想，主张一切顺应自然，儒家讲的“无为而治”实际是“德治”。舜之所以能无为而治，儒家认为他是德盛而民化，又能任用众贤能。②夫：他，代词。③恭己：使自己庄重。正：坐端正。南面：古代以面向南为尊位，帝王之位南向，所以称居帝位者为“南面”。

【译文】

孔子说：“自己没有做什么，却能把天下治理好的，大概只有舜吧？他干了些什么呢？他只是庄重地端坐在王位上罢了。”

【原文】

（六）子张问行[1]。子曰：“言忠信，行笃敬[2]，虽蛮貊之邦[3]，行矣。言不忠信，行不笃敬，虽州里[4]，行乎哉？立则见其参于前也[5]，在舆则见其倚于衡也[6]，夫然后行。”子张书诸绅[7]。

【注释】

①行：通达，也即行得通。②笃：忠实，一心一意。③蛮貊（mò）：这是古代对我国南方和北方少数民族的贬称。蛮，南蛮。貊，北狄。④州里：古代二千五百家为州，五家为邻，五邻为里，这里的州里指本乡本土。⑤参：列，显现。其：代词。指代前面说的“言忠信，行笃敬”几个字。⑥倚：靠。这里指呈现在，刻在。衡：车辕前的横木。⑦绅：士大夫束在腰间的宽带子。

【译文】

子张问怎样才能（使自己的主张）行得通。孔子说：“说话忠诚老实，行为忠厚严肃，即使到了蛮貊地区，也行得通。说话不忠诚老实，行为不忠厚严肃，即使在本乡本土，能行得通吗？站着，仿佛看见‘忠信笃敬’几个字就在眼前；坐在车上，仿佛看见‘忠信笃敬’几个字就刻在车辕的横木上。这样，在哪里都行得通。”子张把这些话写在自己的衣带上。

【原文】

（七）子曰：“直哉史鱼[①]！邦有道，如矢；邦无道，如矢。君子哉蘧伯玉！邦有道，则仕；邦无道，则可卷而怀之[②]。”

【注释】

①史鱼：名鳝（qiū），字子鱼。卫国大夫。史鱼自以为生时不能做到进贤、退不肖，死后继以尸谏，故人们赞扬他正直。②卷：收。这里指不参与政事。怀：藏。

【译文】

孔子说：“史鱼真正直啊！国家政治清明，他的言行像箭一样的直；国家政治昏暗，他的言行也像箭一样的直。蘧伯玉真是一位君子啊！国家政治清明，他就出来做官；国家政治昏暗，他就辞官退隐，把自己的主张保留在心里。”

【原文】

（八）子曰：“可与言而不与之言[①]，失人；不可与言而与之言，失言。知者不失人[②]，亦不失言。”

【注释】

①与：介词。第一个“与”后省略了宾语“之”。②知者：即智者。者字结构。

【译文】

孔子说：“可以同他谈话，却不同他谈，这是错过了人才；不可以同他谈话，却同他谈了，这是说错了话。聪明的人既不错过人才，也不错说话。”

【原文】

（九）子曰："志士仁人，无求生以害仁[①]，有杀身以成仁。"

【注释】

①以：连词，表示结果。可译为"以致"，也可不译。下句的"以"也是连词，表示目的。可译为"来"或"以便"。

【译文】

孔子说："有志之士、有仁德的人，不会为了保住自己的生命以致损害了仁，只会献出自己的生命来完成仁。"

【原文】

（十）子贡问为仁。子曰："工欲善其事[①]，必先利其器[②]。居是邦也，事其大夫之贤者，友其士之仁者[③]。"

【注释】

①善：做好。形容词活用作动词。②利：磨锋利。形容词活用作动词。孔子用做工来比喻要实行仁政，必须依靠贤人、仁人。③友：交朋友。名词活用作动词。

【译文】

子贡问怎样实行仁德。孔子说："工匠想把活做好，必须先把工具收拾好。住在这个国家，就要事奉大夫中的贤人，和士中有仁德的人交朋友。"

【原文】

（十一）颜渊问为邦。子曰："行夏之时[①]，乘殷之辂[②]，服周之冕[③]，乐则韶舞[④]。放郑声[⑤]，远佞人。郑声淫，佞人殆[⑥]。"

【注释】

①时：这里指历法。夏朝用的自然历，以建寅之月（农历正月）为

岁首，春、夏、秋、冬合乎自然现象，便于农业生产。我们现在用的农历，就是夏历。②辂（lù）：殷代大车之名。殷代的车子比周代的车子质朴。③服：这里指戴。冕（miǎn）：古代天子、诸侯及卿大夫戴的一种礼帽。周代的冕虽然华丽美观，但不奢侈，故孔子取之。④韶：相传是古代歌颂虞舜的一种乐曲。舞：通“武”。相传是歌颂周武王的一种乐曲。⑤放：放弃，抛弃。郑声：郑国流行的一种民间音乐。当时被称为是与古乐对立的“新声”。⑥殆：危险。

【译文】

颜渊问怎样治理国家。孔子说：“用夏代的历法，坐殷代的车子，戴周代的礼帽，听音乐，就演奏《韶》乐、《舞》乐，禁绝郑国的乐曲，疏远谄媚的小人。郑国的乐曲淫荡，谄媚的小人很危险。”

【原文】

（十二）子曰：“人无远虑①，必有近忧②。”

【注释】

①远虑：长远的打算、考虑。②近忧：眼前、迫身的忧患。

【译文】

孔子说：“人如果没有长远的考虑，一定会出现眼前的忧患。”

【原文】

（十三）子曰：“已矣乎①！吾未见好德如好色者也。”

【注释】

①已矣乎：完了，罢了。感叹始终不能见到。已，完，动词。矣乎，句末语气助词连用，可译为“了”。

【译文】

孔子说：“完了，我从来没有见过像喜欢美貌一样地喜欢美德的人。”

【原文】

（十四）子曰："臧文仲其窃位者与[①]！知柳下惠之贤而不与立也[②]。"

【注释】

①臧（zāng）文仲：即臧孙辰。鲁国大夫，历仕庄公、闵公、僖公、文公四朝。窃位：窃居其位，指不称职。②柳下惠：本名展获，字禽，又叫展季。鲁国的贤人。柳下是他的封地，惠是他的谥号。与立（wèi）：给予他个位置，即保举他做官。立，通"位"。

【译文】

孔子说："臧文仲大概是个做官不管事的人吧！他明知柳下惠是个贤人，却不起用他做官。"

【原文】

（十五）子曰："躬自厚而薄责于人[①]，则远怨矣。"

【注释】

①躬自厚："躬自厚责"的省略，自己多责备自己。躬，自己，自身。

【译文】

孔子说："多责备自己，少责备别人，那么就可以避免别人的怨恨了。

【原文】

（十六）子曰："不曰'如之何[①]，如之何'者，吾未如之何也已矣。"

【注释】

①如之何：怎么办。这是指能动动脑筋，慎重考虑。

【译文】

孔子说："遇事不讲'怎么办，怎么办'的人，我对这种人也不知怎么办了。"

【原文】

（十七）子曰："群居终日，言不及义，好行小慧[①]，难矣哉！"

【注释】

①行：畅行，传布。这里指卖弄。

【译文】

孔子说："整天厮混在一起，言谈不涉及道义，只喜欢卖弄小聪明，对这种人真没办法。"

【原文】

（十八）子曰："君子义以为质[①]，礼以行之，孙以出之[②]，信以成之。君子哉！"

【注释】

①义以：介宾结构，介词宾语"义"因强调而前置。下面几个"×以"同此。质：本质，根本。②孙：通"逊"，谦逊。出之：把它说出来。

【译文】

孔子说："君子（对于事业）以符合义作为根本，依礼仪来实行它，用谦逊的语言来表达它，用忠诚的态度来完成它，这就是君子啊！"

【原文】

（十九）子曰："君子病无能焉[①]，不病人之不己知也。"

【注释】

①病：忧虑，担心，怕。

【译文】

孔子说："君子只担忧自己没有才能，不担忧别人不了解自己。"

【原文】

（二十）子曰："君子疾没世而名不称焉[①]。"

【注释】

①疾：担忧，恨。没世：离开了社会，即死亡。称：颂扬，称赞。

【译文】

孔子说："君子引以为恨的是，到死名声还没有被人称颂。"

【原文】

（二十一）子曰："君子求诸己[①]，小人求诸人。"

【注释】

①诸："之"、"于"的合音兼词。

【译文】

孔子说："君子一切靠自己，小人却只会苛求别人。"

【原文】

（二十二）子曰："君子矜而不争[①]，群而不党[②]。"

【注释】

①矜（jīn）：端庄，庄重。②党：结党。指意气相投者结合在一起。名词活用作动词。

【译文】

孔子说："君子举止庄重而不与人争执，合群而不为私利结党。"

【原文】

（二十三）子曰："君子不以言举人[①]，不以人废言。"

【注释】

①以：介词，表原因，可译为"因为"。下句的"以"用法相同。

【译文】

孔子说："君子（选拔人才）不因为有些人的话说得好听而提拔他，也不因为有些人有缺点而不采纳他的正确的话。"

【原文】

（二十四）子贡问曰："有一言而可以终身行之乎[①]？"子曰："其恕乎[②]！己所不欲，勿施于人。"

【注释】

①一言：这里指一个字。②恕：宽恕。孔子主张的"恕"道，就是要求人"己所不欲，勿施于人"。

【译文】

子贡问道："有没有一个字可以终身奉行的呢？"孔子说："大概就是恕吧！自己不想干的事，不要强加给别人。"

【原文】

（二十五）子曰："吾之于人也，谁毁谁誉[①]？如有所誉者，其有所试矣[②]。斯民也[③]，三代之所以直道而行也[④]。"

【注释】

①谁毁谁誉：这是两个小分句，因是疑问代词"谁"作宾语，故前

置。誉，赞美，颂扬。②试：试用，考验。③斯民也：那些三代的老百姓（都能按“直道而行”）啊。这句翻译时放在了后边。④三代：指夏、商、周三代。直道而行：遵循正道办事。

【译文】

孔子说：“我对于别人，诋毁过谁？赞美过谁？如果有所赞美，那也是经过实践考验的。之所以夏、商、周三代都能按正道行事，是因为三代的人都能这样做啊。”

【原文】

（二十六）子曰：“吾犹及史之阙文也[①]。有马者借人乘之[②]，今亡矣夫[③]！”

【注释】

①阙（quē）文：没有字的空缺之处。这些地方都是存疑之处。阙，通“缺”。②有马者借人乘之：这句话和前一句有什么关系很难理解，可能是错简所致。③亡：通“无”。

【译文】

孔子说：“我还能看到史书中存疑的地方。有马的人借马给别人骑。今天就没有这种精神了。”

【原文】

（二十七）子曰：“巧言乱德，小不忍，则乱大谋[①]。”

【注释】

①大谋：大的谋划。这里指大事情。

【译文】

孔子说：“花言巧语会败坏德行。小事上不能忍耐，就会败坏大事。”

【原文】

（二十八）子曰："众恶之，必察焉；众好之，必察焉。"

【译文】

孔子说："大家都讨厌他，一定要考察一下；大家都喜欢他，也一定要考察一下。"

【原文】

（二十九）子曰："人能弘道[①]，非道弘人。"

【注释】

①弘（hóng）：扩充，光大。

【译文】

孔子说："人的才能能够使道发扬光大，不是道使人的才能扩大。"

【原文】

（三十）子曰："过而不改[①]，是谓过矣。"

【注释】

①过：犯错误。名词活用作动词。下句的"过"为名词。

【译文】

孔子说："有了错误而不改正，那才真叫错误了。"

【原文】

（三十一）子曰："吾尝终日不食，终夜不寝，以思[①]，无益，不如学也。"

【注释】

①以：连词，表示目的。可译为“来”或“以便”。

【译文】

孔子说：“我曾经整天不吃饭，整夜不睡觉，来冥思苦想，结果并没有什么好处，还不如去学习。”

【原文】

（三十二）子曰：“君子谋道不谋食。耕也，馁在其中矣[①]；学也，禄在其中矣。君子忧道不忧贫。”

【注释】

①馁（něi）：饥饿。在其中：指在耕田中。下面的“其”指代“学”。孔子主张君子应该把眼光、精力放在学习、推行道上。

【译文】

孔子说：“君子谋求行道，不谋求衣食。因为耕田么，免不了饿肚子；读书学道么，就可以做官拿到俸禄。所以君子担心道不能行，不担心贫穷。”

【原文】

（三十三）子曰：“知及之[①]，仁不能守之；虽得之，必失之。知及之，仁能守之，不庄以涖[②]，则民不敬。知及之，仁能守之，庄以涖之，动之不以礼，未善也。”

【注释】

①知：同“智”。这个“知”和下句的“仁”，都在句中作状语，表示凭借，依靠。之：指代禄位、官职。小指乡大夫的禄位，大则指拥有天下、国家。②庄以：即“以庄”，用严肃的态度。介词宾语由于强调而前置。涖（lì）：同“莅”。到，临。这里指任职，在位。

【译文】

孔子说："用聪明才智足以取得官职、禄位，若不能用仁德去保持它；即使得到了，一定还会丧失。用聪明才智取得官职、禄位，又能够用仁德去保持它，但如果不能用庄严的态度去任职，那么百姓也不会尊敬你。用聪明才智取得官职、禄位，既能用仁德去保持它，又能用庄严的态度去任职，但是行动起来不合于礼仪，那也不是完善的。"

【原文】

（三十四）子曰："君子不可小知而可大受也①，小人不可大受而可小知也。"

【注释】

①小知：小作为。也即做些小事情。大受：接受、承受重大任务。

【译文】

孔子说："君子不可以用小事情去考验他，却可以让他承担重大的任务；小人不可以让他承担重大的任务，只能让他们做一些小事情。"

【原文】

（三十五）子曰："民之于仁也，甚于水火①。水火，吾见蹈而死者矣②，未见蹈仁而死者也。"

【注释】

①甚于水火：比对水火更需要。于，介词，表比较。②蹈：踩。第二个"蹈"引申作走向，实行讲。

【译文】

孔子说："老百姓对于仁德的需要，比对水火的需要更迫切。水和火，我看见过踩上它而死掉的，却没有看见过走向仁德而死掉的。”

【原文】

（三十六）子曰：“当仁①，不让于师。”

【注释】

①当：对着，面临。

【译文】

孔子说：“面临着合于仁义的事情，就是对老师也不必谦让。”

【原文】

（三十七）子曰：“君子贞而不谅①。”

【注释】

①贞：正。这里指言行固守正道。谅：信，守信用。

【译文】

孔子说：“君子坚守正道，而不计较守小信用。”

【原文】

（三十八）子曰：“事君，敬其事而后其食①。”

【注释】

①后其食：把食俸禄的事放在后边。后，方位名词活用作动词。

【译文】

孔子说：“事奉君主，要认真办事，把拿俸禄的事摆在后边。”

【原文】

（三十九）子曰：“有教无类①。”

【注释】

①无类：对教育对象没有贫富、等级、族类等的限制。类，类别。

【译文】

孔子说："我对愿受教育的都加以教诲，没有贫富、等级等的限制。"

【原文】

（四十）子曰："道不同，不相为谋。"

【译文】

孔子说："主张不同的人，不能在一起商议，谋划。"

【原文】

（四十一）子曰："辞达而已矣。"

【译文】

孔子说："言辞能够表达清楚意思就可以了。"

【原文】

（四十二）师冕见[①]，及阶，子曰："阶也。"及席，子曰："席也。"皆坐，子告之曰："某在斯，某在斯。"师冕出。子张问曰："与师言之道与[②]？"子曰："然，固相师之道也[③]。"

【注释】

①师冕：乐师，冕是他的名字。上古一般人无姓氏，名字前可加上他的职业。②师：乐师。因古代乐师多是盲人，故这里泛指盲人。道：这里指方式，方法。③相：帮助。

【译文】

师冕来访问孔子，走到台阶边，孔子说："这是台阶。"走到坐席旁，孔子说："这是坐席。"等大家都坐定后，孔子告诉师冕说："某某坐在这里，某某坐在这里。"师冕走了后，子张问道："这就是同盲人讲话的方式吗？"孔子说："是的，这就是帮助盲人的方法。"

季氏第十六

【原文】

（一）季氏将伐颛臾①。冉有、季路见于孔子曰②："季氏将有事于颛臾③。"孔子曰："求！无乃尔是过与④？夫颛臾，昔者先王以为东蒙主⑤，且在邦域之中矣，是社稷之臣也。何以伐为⑥？"冉有曰："夫子欲之⑦，吾二臣者皆不欲也。"孔子曰："求！周任有言曰⑧：'陈力就列⑨，不能者止。'危而不持⑩，颠而不扶，则将焉用彼相矣⑪？且尔言过矣。虎兕出于柙⑫，龟玉毁于椟中⑬，是谁之过与？"冉有曰："今夫颛臾⑭，固而近于费⑮。今不取，后世必为子孙忧。"孔子曰："求！君子疾夫舍曰欲之而必为之辞⑯。丘也闻有国有家者⑰，不患寡而患不均，不患贫而患不安⑱。盖均无贫，和无寡，安无倾。夫如是，故远人不服，则修文德以来之⑲。既来之⑳，则安之㉑。今由与求也，相夫子㉒，远人不服，而不能来也；邦分崩离析㉓，而不能守也；而谋动干戈于邦内。吾恐季氏之忧，不在颛臾，而在肖墙之内也㉔。"

【注释】

①季氏："季"本是鲁公子友的字，他的后代就以"季"为氏。这里的季氏指季康子，名肥，"康"为他的谥号，鲁哀公时为正卿。颛臾（zhuān yú）：鲁国的附庸国，故城在今山东费县西北。②冉有、季路：即冉求、仲由。孔子学生，当时二人都任季康子的家臣。③事：指军事行动。古代把祭祀、战争都看做是国家的大事。④无乃……与：这是古人语言中的一种固定格式，又叫习惯句式，表示一种猜测语气，可译为"恐怕……吧"。尔是过：要责备你。"尔"是"过"的宾语，前置。是，助词，标志宾语前置。过，本当"过错"讲，这里活用作动词，作"责备"讲。⑤先王：指周的先王。鲁为周王室的

同姓诸侯，与周同祖。以为东蒙主：让颛臾做主管东蒙山祭祀的人。以为，即“以之为”。以，让，动词。之，省略，指代颛臾。东蒙，即蒙山。在今山东蒙阴县南四十里。主，主管祭祀的人。⑥何以……为：古人语言中一种常见的固定格式，表示反问语气。可译为“为什么要……呢”。为，句末语气助词，表疑问，可译为“呢”。⑦夫子：尊称季康子。春秋时，对长者、老师以及大夫等都可以用此尊称。⑧周仁：古代的一位史官。⑨陈力就列：施展发挥出自己的才能去担任职务。陈，陈列，摆出来。就，走向，在这里作充任，担当讲。列，位，职位。⑩持：扶着，把着。⑪相（xiàng）：搀扶盲人的人叫“相”，名词。⑫兕（sì）：雌犀牛。柙（xiá）：关猛兽的笼子。⑬龟：龟甲。古人用它占卜吉凶，故看做宝物。玉：指玉瑞和玉器。玉瑞用来表示爵位，玉器用来祭祀。椟（dú）：匣子。⑭今夫：句首语气词，表示要发议论。⑮固：指城郭坚固。费：旧读bì。费是僖公元年，鲁君赐给季友的封地。后来就成为季氏世代拥有的私邑。在今山东费县境内。⑯舍曰欲之：不说自己想要做。舍，舍弃，回避。为（wéi）之辞：给它找个借口。为，动词。带两个宾语，译为“找”。之，这里隐指欲伐颛臾一事。⑰国：指诸侯统治的政治区域。家：指卿大夫统治的政治区域。⑱不患寡而患不均，不患贫而患不安：这两句文字互误，应该是“不患贫而患不均，不患寡而患不安”。贫，指财物少。寡，指人口少。⑲文德：指仁义礼乐之类的德政教化。⑳来之：使之来，使动用法。之，指远人。“安之”中的“之”同。㉑安之：使之安，使动用法。㉒相（xiàng）：辅佐。㉓分崩离析：这是四个近义词连用。意思是支离破碎，四分五裂。㉔肖墙之内：指鲁国宫廷内部。鲁哀公与当时专权的季氏家族之间矛盾很深，所以孔子认为季氏的忧患在于鲁君。肖墙，国君宫门内的照壁墙，臣下至此，会更加肃然起敬。

【译文】

季康氏准备攻伐颛臾。冉有、子路去见孔子，说：“季氏准备讨伐颛臾。”孔子说：“求！这恐怕应该责备你吧？颛臾，从前周天子让它做东蒙山祭祀的主管人，而且它又在鲁国疆域之内，是国家的藩属。为什么要讨伐它呢？”冉有说：“季氏想这样做，我们两个做臣子的都不赞成啊。”孔子曰：“求！周任曾经说过：‘施展自己的才力去担负职务，做不到就辞职。’盲人遇到危险你不去拉他一把，要摔倒了你不去扶扶他，那要你这个助手做什么呢？况且你的话说错了。老虎、犀牛从笼子里跑了出来，龟甲、玉器在匣子里毁坏了，这是谁的过错呢？”冉有说：“颛臾，城池坚固，而且离季氏的费邑很近。现在不去攻取它，后世一定会成为季氏子孙的忧患。”孔子说：“求！君子最讨厌那种不说自己想要做，却偏要给它找个借口的人。我听说过，拥有国土的诸侯、拥有封邑的大夫，担心的不是贫穷而是财富分配不均，不是人少而是国境内不安定。因为财富分配公平合理，便不会觉得贫穷；上下和睦，人民都愿意归附，便不会觉得人口少；国家安定，便不会有倾覆的危险。这样做了，远地的人还不来归服，就修治仁义礼乐招徕他们。已经来了，就让他们安心住下来。现在你仲由和冉求啊，你们给季氏做助手，远地的人不归服，不能招徕他们；国家四分五裂，而不能保全它；却策划在国内使用武力。我只怕季氏的忧患不在颛臾，而在鲁国公室内部呢。”

【原文】

（二）孔子曰：“天下有道，则礼乐征伐自天子出①；天下无道，则礼乐征伐自诸侯出。自诸侯出，盖十世希不失矣②；自大夫出，五世希不失矣；陪臣执国命③，三世希不失矣。天下有道，则政不在大夫。天下有道，则庶人不议④。”

【注释】

①礼乐征伐：指制礼作乐，出兵征伐等大事情。古制规定，诸侯不得改变礼乐，擅自征伐。自天子出：指礼乐征伐等大事都由天子决定。自，从，由。介词。②盖：句首语气词。有“大概”的意思。希：通“稀”。少有。失：失掉，败亡。③陪臣：卿、大夫的家臣。④庶人：普通老百姓。

【译文】

孔子说："天下政治清明，那么制礼作乐、出兵征伐等大事都由天子决定；天下政治黑暗，那么制礼作乐、出兵征伐都由诸侯决定。由诸侯决定的情况，大概经过十代很少有不垮台的；由大夫决定的情况，大概经过五代很少有不垮台的；卿、大夫的家臣把持国家大权的，经过三代很少有不垮台的。天下政治清明，国家政权就不会落在大夫手中。天下政治清明，老百姓也就不会议论纷纷。"

【原文】

（三）孔子曰："禄之去公室五世矣①，政逮于大夫四世矣②，故夫三桓之子孙微矣③。"

【注释】

①禄：爵禄。这里指政权。去：失去，丧失。公室：诸侯的家族，这里指鲁国朝廷，也即鲁君。五世：五代。公元前608年，鲁文公死，大夫东门遂（字襄仲）杀嫡长子赤而立宣公，掌握了鲁国政权。宣公死后，鲁国政权又落在大夫季氏手中，经成公、襄公、昭公而至孔子说这段话时的定公，共五代。②逮（dài）：到，及。四世：从公元前591年宣公死，季文子驱逐东门氏开始掌握鲁国政权，到孔子说这段话时，经历了季孙氏家族文子、武子、平子、桓子四代，称四世。③三桓：指孟孙氏、叔孙氏、季孙氏鲁国的三家大夫，他们都是鲁桓公的后代子孙，故称三桓。他们都是从奴隶主贵族中转化出来的新兴地主阶级的代表，其中以季孙氏最为激进。三家一直掌握鲁国政权，鲁定公时，曾出现"陪臣执国政"的局面，三桓势力一度衰微。孔子因此断言三桓子孙将从此衰微下去。

【译文】

孔子说："国家政权从鲁国朝廷中丧失，已经五代了，政权落到大夫季氏之手，已经经历季氏家族四代了，所以桓公的三房子孙现在也衰微了。"

【原文】

（四）孔子曰："益者三友，损者三友。友直[①]，友谅[②]，友多闻，益矣。友便辟[③]，友善柔[④]，友便佞[⑤]，损矣。"

【注释】

①友：交朋友。名词活用作动词。②谅：信实，诚恳。③便辟（pián pì）：习熟威仪而不正直，也即虚伪做作。④善柔：善于阿谀奉承。⑤便佞（pián nìng）：花言巧语，伶嘴利舌。

【译文】

孔子说："有益的朋友有三种，有害的朋友有三种。与正直的人交朋友，与诚恳的人交朋友，与知识、见闻广博的人交朋友，是有好处的。与虚伪做作的人交朋友，与谄媚奉承的人交朋友，与惯于花言巧语的人交朋友，是有害的。"

【原文】

（五）孔子曰："益者三乐，损者三乐。乐节礼乐[①]，乐道人之善，乐多贤友，益矣。乐骄乐[②]，乐佚游[③]，乐宴乐[④]，损矣。"

【注释】

①乐（lè）节礼乐（yuè）：以"节礼乐"为快乐。意动用法。节礼乐，用礼乐节制自己的行动。"节礼乐"是个动宾词组，又作了乐（lè）的宾语。下面五个"乐××"结构同此。②骄乐（lè）：骄傲，放纵而不知节制。③佚（yì）游：游乐过分。佚，通"逸"。过分。④宴乐（lè）：宴饮取乐。

【译文】

孔子说："有益的快乐有三种，有害的快乐也有三种。以用礼乐节制自己为快乐，以称道别人的长处为快乐，以多交贤良的朋友为快乐，是有益的。以骄傲、放纵为快乐，以游荡忘返为快乐，以吃吃喝喝为快乐，是有害的。”

【原文】

（六）孔子曰：“侍于君子有三愆[①]：言未及之而言谓之躁，言及之而不言谓之隐，未见颜色而言谓之瞽[②]。”

【注释】

①愆（qiān）：过失，错误。②瞽（gǔ）：瞎子。

【译文】

孔子说：“陪侍有德有位的君子的时候，容易犯三种错误：当君子还未说到的时候，你抢先说，叫做急躁；当君子已经说到了，你却不说，叫做隐瞒；不看对方的脸色而贸然开口，叫有眼无珠。”

【原文】

（七）子曰：“君子有三戒：少之时，血气未定，戒之在色；及其壮也，血气方刚，戒之在斗；及其老也，血气既衰，戒之在得[①]。”

【注释】

①得：贪心。指贪求名誉、地位、财物等。

【译文】

孔子说：“君子有三件事情应当警惕：年少时，血气不稳定，要警惕迷恋女色；到了壮年，血气正旺，要警惕争胜好斗；到了老年，血气已经衰退，要警惕贪得无厌。”

【原文】

（八）孔子曰：“君子有三畏：畏天命[①]，畏大人[②]，畏圣人之言[③]。小人不知天命而不畏也，狎大人[④]，侮圣人之言。”

【注释】

①天命：这是认为上天能决定人类命运的一种观点。起始于殷周时代，以后历代统治者为巩固封建伦理秩序，都利用了这种观点为自己服务。②大人：指天子、诸侯、卿大夫等在上位的人。③圣人：指道德、智能极高的人。④狎（xiá）：狎侮，不尊重。

【译文】

孔子说："君子敬畏的事情有三件：敬畏天命，敬畏在高位的人，敬畏圣人的话。小人不懂得天命而不怕，并且不尊重在高位的人，蔑视圣人的话。"

【原文】

（九）孔子曰："生而知之者，上也；学而知之者，次也；困而学之，又其次也；困而不学，民斯为下矣。"

【译文】

孔子说："生来就知道的人，是最上等的；经过学习而后知道的人，是次一等的；遇到困难然后学习的人，是再次一等的；遇到困难仍然不学习，普通老百姓就是这样的下等人。"

【原文】

（十）孔子曰："君子有九思：视思明，听思聪①，色思温，貌思恭，言思忠，事思敬，疑思问，忿思难②，见得思义③。"

【注释】

①聪：听力好。②忿：愤恨。③得：得到。指取得名利地位等。义：符合义，合理。

【译文】

孔子说："君子有九件事要考虑：看的时候，要考虑是否看明白了；听的时候，要考虑是否听清楚了；脸色，要考虑是否温和；容貌举止，要考虑是否恭敬端庄；言语，要考虑是否忠诚老实；做事，要考虑是否严肃认真；有疑问，要考虑怎样向别人请教；想发怒，要考虑是否有后患；见到可得的，要考虑是否该得到它。”

【原文】

（十一）孔子曰："见善如不及，见不善如探汤[①]。吾见其人矣，吾闻其语矣。隐居以求其志，行义以达其道。吾闻其语矣，未见其人也。"

【注释】

①探汤：手伸到开水中。汤，沸水。

【译文】

孔子说："看见好的行为，就好像怕赶不上似的要努力追求；看见不好的行为，就好像把手伸进开水里一样要赶快躲开。我见到过这种人，也听到过这种话。隐居避世来求保全自己的志向，施行仁义来贯彻自己的主张。我听到过这种话，却没有见到过这种人。"

【原文】

（十二）齐景公有马千驷[①]，死之曰，民无德而称焉。伯夷、叔齐饿于首阳之下[②]，民到于今而称之。其斯之谓与[③]？

【注释】

①驷（sì）：同驾一辆车的四匹马。千驷即四千匹马。这一章没有"子曰"字样，可能是缺文。②伯夷、叔齐：商朝末年，孤竹君的两个儿子。父亲死后，他们二人互让君位，最后出逃。周武王起兵讨伐商纣时，他们曾拦住车马劝阻。周朝统一天下后，他们以食周粟为可耻，终于饿死在首阳山下。首阳：首阳山。在今山西运城县南。③其斯之谓与：这句与上文不相衔接，文势断裂。有人认为颜渊篇第十章引自《诗

经·小雅·我行其野》中的“诚不以富，亦衹以异”两句应放在这句之上，但无确凿证据。

【译文】

齐景公有马四千匹，死的时候，老百姓对他的德行没有什么可称颂的。伯夷、叔齐饿死在首阳山下，但老百姓到现在还称颂他们。说的就是这个意思吧？

【原文】

（十三）陈亢问于伯鱼曰①：“子亦有异闻乎？”对曰：“未也。尝独立，鲤趋而过庭②。曰：‘学《诗》乎？’对曰：‘未也。’‘不学《诗》，无以言。’鲤退而学《诗》。他日，又独立，鲤趋而过庭。曰：‘学礼乎？’对曰：‘未也。’‘不学礼，无以立③。’鲤退而学礼。闻斯二者。”陈亢退而言曰：“问一得三，闻《诗》，闻礼，又闻君子之远其子也④。”

【注释】

①陈亢：姓陈，名亢，字子禽。伯鱼：孔子的儿子，名鲤，字伯鱼。②趋：小步快走。以表示恭敬。③无以立：没有用来立身于社会的资本。也即在社会上站不住脚。④远：不亲近。这里指不偏向。

【译文】

陈亢问伯鱼说：“您在老师那里听到过什么特别的教诲吗？”伯鱼回答说：“没有。有一天他老人家独自站在庭院，我快步从他面前经过，他说：‘学《诗经》没有？’我回答说：‘没有。’他便说：‘不学《诗经》，就不知该怎样说话。’我回去就学《诗经》。又有一天，他又独自站在庭院，我快步从他面前经过，他说：‘学礼仪没有？’我回答说：‘没有。’他便说：‘不学礼仪，就不能立足于社会。”我回去就学礼仪。我只听说过这两件事。”陈亢回去高兴地说：“我问了一件事，却有三个收获，懂得了学《诗》的意义，懂得了学礼的道理，还知道了君子不偏向自己的儿子。”

【原文】

（十四）邦君之妻[①]，君称之曰夫人，夫人自称曰小童[②]；邦人称之曰君夫人，称诸异邦曰寡小君[③]；异邦人称之亦曰君夫人。

【注释】

①邦君：指诸侯国的国君。这一章也可能是孔子所言，却遗落了“子曰”两字，原因不详。②小童：古代国君夫人的自称。③诸：“之”、“于”的合音兼词。

【译文】

国君的妻子，国君称她为夫人，夫人自称自己为小童；国内的人称她为君夫人，在其他国家的人面前称她为寡小君；其他国家的人也称她为君夫人。

阳货第十七

【原文】

（一）阳货欲见孔子[①]，孔子不见，归孔子豚[②]。孔子时其亡也[③]，而往拜之，遇诸涂[④]。谓孔子曰："来！予与尔言。"曰[⑤]："怀其宝而迷其邦[⑥]，可谓仁乎？"曰："不可。""好从事而亟失时[⑦]，可谓知乎[⑧]？"曰："不可。""日月逝矣，岁不我与[⑨]。"孔子曰："诺，吾将仕矣[⑩]。"

【注释】

①阳货：名虎，是鲁国大夫季氏的家臣。他不但一度掌握了季氏家的大权，而且掌握了鲁国的大权。孔子骂他是"陪臣执国命"。后来他在和季桓子等的争权斗争中失败，逃往齐国，后又逃到晋国。孔子见阳货当在公元前502年。见（jiàn）孔子：想让孔子谒见他。使动用法。见，谒见，拜见。后句的"见"用法同。②归（kuì）：通"馈"。赠送。豚（tún）：小猪。这里指蒸熟的小猪。按当时礼节，地位高的人赠送礼物时，受赠者如果不是当面接受，就应回拜。阳货送小猪，就是为了让孔子回拜，以便劝孔子出仕，给他做助手。③时（sì）其亡：打听到他不在家时。时，通"伺"，窥伺，暗中窥探。孔子不愿见阳货，趁他不在家时去回拜。④诸："之于"的合音兼词。涂：通"途"，道路。⑤曰：这里的"曰"，和下文的两个"曰不可"都是阳货自问自答。⑥怀其宝：比喻自己怀藏着才能。迷：乱，使乱。使动用法。意即孔子有治理国家的才能却藏着不拿出来，致使国家迷乱。⑦好（hào）从事：指喜好从事政治活动。亟（qì）：屡次。⑧知：同"智"。⑨岁不我与：岁月不等待我们。否定句宾语前置。与，在一起。这里当"等待"讲。⑩诺：应答声。可译为"好吧"。阳货劝孔子出仕，孔子不想严词拒绝，便不得已的敷衍阳货。

【译文】

阳货想叫孔子来拜会他，孔子没有去拜会，阳货便送给孔子一头蒸熟了的小猪。孔子打听到他不在家，才去回拜他。两人在路途上相遇了。阳货对孔子说："来！我有话同你说。"（孔子走了过去）阳货说："把自己的本领藏了起来，却听任国家迷乱，这可以叫做仁吗？"（孔子不回答）阳货自己说："不可以。"阳货又说："喜好参与政事，却屡次错过机会，这可以叫做聪明吗？"（孔子仍不回答）阳货又自己接口说："不可以。"阳货说："时光一天天消逝了，岁月是不等人的呀。"孔子说："好吧，我打算出去做官了。"

【原文】

（二）子曰："性相近也，习相远也①。"

【注释】

①习相远：指习使性相远。

【译文】

孔子说："人的本性是相近的，由于习惯和影响的不同，才渐渐地相差很远了。"

【原文】

（三）子曰："唯上知与下愚不移①。"

【注释】

①唯上知与下愚不移：这句的意思承上一章。

【译文】

孔子说："只有最上等的智者和最下等的愚人，是不会（受习俗影响而）改变的。"

【原文】

（四）子之武城①，闻弦歌之声。夫子莞尔而笑②，曰："割鸡焉用牛刀③？"子游对曰④："昔者偃也闻诸夫子曰⑤：'君子学道则爱人，小人学道则易使也。'"子曰："二三子⑥，偃之言是也⑦。前言戏之尔。"

【注释】

①之：到。武城：鲁国的一个小县城。②莞（wǎn）尔：微笑的样子。③割鸡焉用牛刀：比喻治理武县这么个小县城用不着礼乐教化。④子游：姓言，名偃，字子游。孔子的学生，当时任武县的县长。⑤诸："之于"的合音兼词。⑥二三子：你们几个人。这是孔子称其学生或者年长爵高的人称孔子学生用的词。⑦是：对，正确。形容词。

【译文】

孔子到了武城，听到弹琴唱歌的声音。孔子微微一笑，说："杀鸡哪里用得着宰牛的刀？"子游回答说："以前我从老师那里听说过：'做官的学了礼乐等道理就会爱人，老百姓学了礼乐等道理就容易使唤。'"，孔子说："学生们，言偃的话说得对，我刚才说的那句话不过是同他开个玩笑罢了。"

【原文】

（五）公山弗扰以费畔①，召，子欲往。子路不说②，曰："末之也③，已④，何必公山氏之之也⑤？"子曰："夫召我者，而岂徒哉⑥？如有用我者，吾其为东周乎⑦？"

【注释】

①公山弗扰：又名公山不狃（niǔ），字子洩，季氏的家臣，公元前502年，他由于拥护阳货，在费邑叛变季氏。畔：通"叛"。②说：同"悦"。③末：没有（地方）。之：去，往。④已：止，算了。⑤公山氏之之：即"之公山氏"。第一个"之"是结构助词，标志宾语

前置。第二个“之”是动词，当往，到讲。⑥徒：徒然，白白地。这里指公山弗扰想让孔子帮自己，而孔子也想利用公山弗扰和季氏的矛盾，大干一场，实现在鲁国恢复周礼的目的。⑦吾其为东周乎：我要建造一个东方的周王朝。意即要在东方的鲁国复兴西周的礼乐制度。其，句中语气词，加强语气，不译出。

【译文】

公山弗扰盘踞在费邑图谋叛变，召孔子去他那里，孔子想去。子路很不高兴，说：“没有地方去就算了，为什么一定要去公山弗扰那里呢?”孔子说：“那个召我去的人，难道会叫我白跑一趟吗？如果有人用我，我就要在东方复兴周礼。”

【原文】

（六）子张问仁于孔子。孔子曰：“能行五者于天下为仁矣。”“请问之。”曰：“恭、宽、信、敏、惠。恭则不侮，宽则得众，信则人任焉①，敏则有功②，惠则足以使人③。”

【注释】

①任：任用。②有功：有成就，能取得成功。③足以：“足以之”的省略。意即能够凭借它。之，指代“惠”。使人：役使人，使唤人。

【译文】

子张问孔子怎样做才是仁。孔子说：“能够在天下实行五种品德便是仁了。”子张说：“请问哪五种?”孔子说：“庄重、宽厚、诚信、勤敏、慈惠。庄重就不会遭到侮辱，宽厚就能得到众人的拥护，诚实讲信用就能得到别人的任用，勤快敏捷就能取得成功，慈祥施恩惠就能更好地使唤人。”

【原文】

（七）佛肸，召①，子欲往。子路曰：“昔者由也闻诸夫子曰：‘亲于其身为不善者②，君子不入也。’佛肸以中牟畔，子之往也，如之何？”子曰：“然，有是言也。不曰坚乎，磨而不磷③；不曰白乎，涅而不缁④。吾岂匏瓜也哉⑤？焉能系而不食？”

【注释】

①佛肸（bì xī）：晋国大夫范中行的家臣，中牟（牟，mù，范氏的私邑，在今河北邢台与邯郸之间）的地方官。赵简子以晋侯名义攻打范氏，佛肸便以中牟为据点反叛，并在此时召见孔子。孔子认为赵简子如果灭掉范中行，就会形成三家分晋的形势，为了挽救晋的一统，因此想去佛肸处。②亲于其身为不善者：以其身亲自做坏事的人的地方。于，用法同“以”。③磷（lín）：薄。变薄。弄坏。④涅（niè）：一种矿物，可做黑色染料。这里是名词活用作了动词，当染讲。缁（zī）：黑。⑤匏（páo）瓜：葫芦的一种，味苦，不能吃。可系在腰间，作泅渡用。

【译文】

佛肸召孔子去，孔子想去。子路说：“过去我听老师说过：‘亲身做坏事的人那里，君子是不去的。’佛肸在中牟叛乱，您却要去，这是怎么回事呢？”孔子说：“是的，我讲过这话。（但是你知道吗？）不是说过坚硬的东西磨也磨不坏吗？不是说过洁白的东西染也染不黑吗？我难道是只苦葫芦吗？怎么只能系挂在那里不让人采食呢？”

【原文】

（八）子曰：“由也！女闻六言六蔽矣乎①？”对曰：“未也。”“居②！吾语女。好仁不好学，其蔽也愚；好知不好学，其蔽也荡；好信不好学，其蔽也贼③；好直不好学，其蔽也绞④；好勇不好学，其蔽也乱⑤；好刚不好学，其蔽也狂。”

【注释】

①六言：六个字。就是下文说的仁、知（同“智”）、信、直、勇、刚六种品德。②居：坐。③贼：害，危害。④绞：指说话尖刻。⑤乱：小指捣乱闯祸，大指犯上作乱。

【译文】

孔子说："仲由啊！你听说过六种品德和六种弊病吗？"子路回答说："没有。"孔子说："坐下来！我告诉你。爱好仁德却不爱学习，它的弊病是会变得愚蠢；爱好聪明才智却不爱学习，它的弊病是放荡不羁；爱好讲诚信却不爱学习，它的弊病是容易被人利用，害己害人；爱好直率却不爱学习，它的弊病是说话尖刻刺人；爱好勇敢却不爱学习，它的弊病是捣乱闯祸；爱好刚强却不爱学习，它的弊病是胆大妄为。"

【原文】

（九）子曰："小子何莫学夫诗①？诗，可以兴②，可以观，可以群③，可以怨。迩之事父④，远之事君；多识于鸟兽草木之名。"

【注释】

①小子：指弟子，学生。夫：这或那。指示代词。因为意思较虚，也可不译出。②兴：激发。③群：合群。也即能与人相处。④迩（ěr）：近。

【译文】

孔子说："弟子们，你们为什么没有人学习、研究《诗经》呢？读《诗经》，可以培养联想力，激发志气，可以提高观察、辨别能力，可以培养与社会人群相处的本领，可以学到有怨而不怒的讽喻方法。近可以用其中的道理事奉父母，远可以用其中的道理事奉君主。还可以多知道一些鸟兽草木的名字。"

【原文】

（十）子谓伯鱼曰①："女为周南、召南矣乎②？人而不为周南、召南，其犹正墙面而立也与③？"

【注释】

①伯鱼：孔子的儿子，名鲤，字伯鱼。②《周南》、《召（shào）南》：《诗经·国风》第一、二两部分篇名。周南、召南都是地域名称。周南，大体是汉水流域东部。召南，大体是汉水流域西部。儒家认为这两个地区的民歌合乎礼仪，故采集入《诗经》，名为《周南》、《召南》。③正墙面：即“正墙，面墙”。正对着墙，面对着墙。意思一样。

【译文】

孔子对伯鱼说：“你学了《周南》、《召南》没有？一个人如果不学习《周南》、《召南》，那就会像面正对着墙壁站着一样（无法看见，也无法行走）了！”

【原文】

（十一）子曰：“礼云礼云[①]，玉帛云乎哉[②]？乐云乐云，钟鼓云乎哉？”

【注释】

①云：句中语气词，有舒缓语气的作用。可不译，也可译为“呀”。下面几个“云”用法同此。②玉帛（bó）：指举行礼仪时用的玉器、丝织品等礼器。在孔子看来，礼乐的意义不在于只有玉帛、钟鼓等形式。

【译文】

孔子说：“礼呀礼呀，难道只是指玉帛之类的礼器吗？乐呀乐呀，难道只是指钟鼓之类的乐器吗？”

【原文】

（十二）子曰：“色厉而内荏[①]，譬诸小人[②]，其犹穿窬之盗也与[③]？”

【注释】

①色厉：外表严厉。内荏（rěn）：内心怯懦，软弱。②譬（pì）

诸小人：拿小人来作比喻。诸，"之"和"于"的合音兼词（"于"用法相当"以"）。③穿：穿洞，挖洞。窬（yú）：通"逾"。越过（墙），爬（墙）。盗：上古的"盗"指小偷。

【译文】

孔子说："外表严厉而内心怯懦的人，如果拿小人来作比喻，大概就好像挖洞爬墙偷东西的小偷吧？"

【原文】

（十三）子曰："乡愿①，德之贼也。"

【注释】

①乡愿：乡里多数人称道的老实谨慎的人。也就是后世说的没有是非观念，只会同流合污的所谓好好先生。愿，忠厚。

【译文】

孔子说："乡里多数人称道的那种所谓的好好先生，实是道德的败坏者。"

【原文】

（十四）子曰："道听而涂说①，德之弃也。"

【注释】

①涂：通"途"。

【译文】

孔子说："在路上听到传言就到处去传播，这是对道德的背弃。"

【原文】

（十五）子曰："鄙夫可与事君也与哉①？其未得之也，患得之②。既得之，患失之。苟患失之，无所不至矣③。"

【注释】

①鄙夫：鄙陋、庸俗，品德低下的人。也与哉：句末语气助词连用，重点在最后一个词，译为“吗”。②患得之：实为“患不得之”。③无所不至：没有他做不到的事。即什么坏事都做得出来。

【译文】

孔子说：“一个鄙陋、庸俗的人，难道可以和他一起侍奉君主吗？他在没有得到名利的时候，总担心得不到。已经得到了名利，总担心失掉它。一个人如果总担心失掉名利，就会什么坏事都做得出来。”

【原文】

（十六）子曰：“古者民有三疾，今也或是之亡也[①]。古之狂也肆[②]，今之狂也荡；古之矜也廉[③]，今之矜也忿戾[④]；古之愚也直，今之愚也诈而已矣。”

【注释】

①是之亡：没有这些毛病。“是”为否定句，代词作宾语，前置。“之”为标志前置的结构助词。亡，通“无”，没有。②肆：放纵，放开。③矜（jīn）：矜持，自尊自大。廉：方正，有棱角。这里指触犯不得，碰不得。④忿戾（fèn lì）：凶恶，蛮横。

【译文】

孔子说：“古代的人有三种（还算得上可贵的）毛病，现在恐怕连这三种毛病也没有了。古代狂妄的人能肆意直言，现在狂妄的人放荡不守礼仪；古代骄傲自大的人只不过不能触犯他，现在骄傲自大的人却凶恶，蛮横；古代愚笨的人虽简单却直率，现代愚笨的人只会一味地欺诈。”

【原文】

（十七）子曰：“巧言令色，鲜矣仁。”

【注释】

这条重出，见第一篇，第三章。

【原文】

（十八）子曰："恶紫之夺朱也[1]，恶郑声之乱雅乐也[2]，恶利口之覆邦家者[3]。"

【注释】

①紫：红色和蓝色混合成的颜色，不是正红色，但却很接近。朱：大红色。古代称"朱"为正色。②郑声：郑国的民间音乐。古人认为它淫靡放荡，不能登大雅之堂。雅乐：周王朝的正统音乐。雅，典雅。③利口：口齿很利，也即花言巧语。

【译文】

孔子说："我憎恶紫色取代了大红色的光彩和地位。我憎恶郑国的民间音乐扰乱了典雅正统的音乐。我憎恶用一张巧言善辩的嘴颠覆国家的人。"

【原文】

（十九）子曰："予欲无言[1]。"子贡曰："子如不言，则小子何述焉[2]？"子曰："天何言哉？四时行焉[3]，百物生焉，天何言哉？"

【注释】

①予欲无言：我不想说话了。孔子主张身教重于言教，用这句话可证。②小子：孔子学生在老师面前自称的谦词。③四时：四季。

【译文】

孔子说："我不想说话了。"子贡说："您如果不说话，那我们这些学生还传述什么呢？"孔子说："天说了什么呢？但春夏秋冬四季照样运行，万物照样生长。天说了什么呢？"

【原文】

（二十）孺悲欲见孔子[①]，孔子辞以疾。将命者出户[②]，取瑟而歌，使之闻之。

【注释】

①孺悲：鲁国人。鲁哀公曾派他去向孔子学习士丧理。孔子不愿见孺悲的确切原因已无法查考。有人说按当时礼节，年轻人初次见年长位尊的人一定要有介绍人，孺悲没有介绍人，所以孔子推病不见。但又故意弹瑟让他知道自己并没有生病，来教诲他知礼。②将命者：奉命的人。这里指传话的人。

【译文】

孺悲想见孔子，孔子以生病为理由推辞不见。传话的人刚出门，孔子便取过瑟来边弹边歌，故意让孺悲听见。

【原文】

（二十一）宰我问[①]："三年之丧[②]，期已久矣。君子三年不为礼，礼必坏；三年不为乐，乐必崩。旧谷既没，新谷既升[③]，钻燧改火[④]，期可已矣[⑤]。"子曰："食夫稻[⑥]，衣夫锦[⑦]，于女安乎[⑧]？"曰："安。""女安，则为之！夫君子之居丧，食旨不甘[⑨]，闻乐不乐，居处不安[⑩]，故不为也。今女安，则为之！"宰我出。子曰："予之不仁也！子生三年，然后免于父母之怀。夫三年之丧，天下之通丧也[⑪]。予也有三年之爱于其父母乎？"

【注释】

①宰我：名予，字子我。孔子学生。②三年之丧：古代礼制，父母死了，要守孝三年。可这种礼制已经很久不被遵循了，宰予向孔子请教，意在讨论是否能重新制订丧礼的时间。③升：登场。④钻燧改火：古代钻木取火，所用的木头四季不同，春用榆柳，夏用桑构，秋

用柞楢（yóu），冬用槐檀。一年轮一遍，叫钻燧改火。改火，改木取火。⑤期（jī）：一周年。已：止，结束。⑥食夫稻：古代北方以小米（稷）为主要食物，水稻为珍品，故服丧的人不能吃。⑦衣夫锦：古人服丧时穿素色麻布孝衣，不能穿有文彩的丝织品。⑧于女（rǔ）安乎：对你来说心安吗。⑨旨：滋味美。这里指味美的食物。甘：香甜，甜美。⑩居处：古代服丧期间，要住在临时搭的简易草棚或木棚里守孝三年，睡在草编的垫子上，枕的是土块。这里的居处指住在平日所住的房子里。⑪天下之通丧：天下通行的丧礼。也就是说是天下所有的人都应该遵循的丧礼。

【译文】

宰我问："父母死了，子女守孝三年，时间也太长了。一个君子三年不讲习礼仪，礼仪一定会废弃掉；三年不演奏音乐，音乐一定会失传。旧谷子已经吃完，新谷子已经上场碾出来，钻火用的木头也轮换了一遍，守孝的日期一年也就可以了。"孔子说："（父母死了，不到三年）你就吃那白米饭，穿上那锦缎衣，对你来说心里安吗？"宰我说："心安。"孔子说："你要觉得心安，那就去做吧！君子在服丧期间，吃美味不感到香甜，听音乐不觉得快乐，住在舒适的家里不感到舒适，所以不那样做。如今你心安，你就去做好了！"宰我出去后，孔子说："宰予真不仁啊！儿女生下来，要到三年以后，才能离开父母的怀抱。为父母服丧三年，是天下通行的丧礼呀。难道宰予就没有从他父母怀抱中得到三年的爱抚吗？"

【原文】

（二十二）子曰："饱食终日，无所用心，难矣哉！不有博弈者乎①？为之，犹贤乎已②？"

【注释】

①博弈（yì）：下棋。②贤：好，胜过。乎：介词，表比较，用法同"于"。可译为"比"。已：止，这里指什么都不干。

【译文】

孔子说："整天吃饱了饭，却不用一点心思，这种人真难办！不是有下棋的游戏吗？下下棋也比什么都不干强。"

【原文】

（二十三）子路曰："君子尚勇乎？"子曰："君子义以为上①，君子有勇而无义为乱，小人有勇而无义为盗。"

【注释】

①义以：即"以义"。介词宾语"义"由于强调而前置。上：指最高尚的品德。

【译文】

子路说："君子崇尚勇敢吗？"孔子说："君子认为义是最高尚的品德，假如君子只有勇力而不讲义，就会犯上作乱；小人有勇力而不讲义就会去偷窃。"

【原文】

（二十四）子贡曰："君子亦有恶乎？"子曰："有恶：恶称人之恶者①，恶居下流而讪上者②，恶勇而无礼者，恶果敢而窒者③。"曰："赐也亦有恶乎？""恶徼以为知者④，恶不孙以为勇者⑤，恶讦以为直者⑥。"

【注释】

①恶（wù）称人之恶（è）者：厌恶传扬别人坏处的人。称人之恶者，者字结构，名词性质。称，称道，传扬。②流：疑为衍文。较早版本的《论语》无"流"。讪（shàn）：诽谤。③窒：阻塞不通。这里指顽固不化。④徼（jiāo）：窃取，抄袭。知：同"智"。⑤孙：通"逊"。谦虚。⑥讦（jié）：揭发、攻击别人的短处。

【译文】

子贡说："君子也有厌恶的人、事吗？"孔子说："有：君子厌恶传扬别人坏处的人，厌恶处在下位而诽谤在上位的人，厌恶有勇力却不讲礼的人，厌恶行为刚愎顽固不化的人。"孔子说："赐，你也有厌恶的人、事吗？"子贡回答说："我厌恶抄袭别人的东西却自以为聪明的人，厌恶毫不谦逊还自以为勇敢的人，厌恶攻击别人的隐私还自以为正直的人。"

【原文】

（二十五）子曰："唯女子与小人为难养也[①]，近之则不孙[②]，远之则怨。"

【注释】

①难养：难以共处。②不孙：不谦逊，无礼貌。孙，通"逊"。

【译文】

孔子说："只有女子和小人是很难共处的，亲近了，他们就会无礼；疏远了，他们又会报怨。"

【原文】

（二十六）子曰："年四十而见恶焉[①]，其终也已[②]。"

【注释】

①见恶：被厌恶。见，助词，表被动。可用"被"译出。②其：语气助词，表示猜度。可译为"大概"、"恐怕"。终：终生。已：完。

【译文】

孔子说："（一个人到了）四十岁还被人厌恶，他这一辈子恐怕也就完了。"

微子第十八

【原文】

（一）微子去之[①]，箕子为之奴[②]，比干谏而死[③]。孔子曰："殷有三仁焉。"

【注释】

①微子：名启。纣王的同母哥哥。纣出生时，他们的母亲才被立为帝后，故纣得以继王位。纣王暴虐无道，不听微子规劝，为了保住宗庙祭祀，微子离开了纣王。去：离开。②箕子：名胥馀。纣王的叔父。纣王不听规劝，箕子披发装疯，被纣王降为奴隶。为（wéi）之奴：给纣王做奴隶。为，动词。带两个宾语"之"和"奴"。③比干：纣王的叔父，纣王不听比干规劝，还说，听说圣人的心有七窍，我要看看，便剖开了比干的心。

【译文】

（殷纣王不听规劝）微子离他隐去，箕子被降为奴隶，比干力谏而被杀害。孔子说："殷朝有三位仁人呀。"

【原文】

（二）柳下惠为士师[①]，三黜[②]。人曰："子未可以去乎？"曰："直道而事人，焉往而不三黜？枉道而事人[③]，何必去父母之邦[④]？"

【注释】

①柳下惠：姓展，名获，又名禽。鲁国的贤大夫。柳下是他的封地，惠是他的谥号。士师：主管刑罚的官。②三黜（chù）：多次被罢

官不用。古人常用“三”表示多。③枉道：曲道。即不走正道。④父母之邦：父母居住的国家。也即自己的祖国。

【译文】

柳下惠做了司法官，多次被免职。有人说：“你不能离开这里吗？”柳下惠说：“如果按照正道事奉君主，到哪里去能够不被多次罢官呢？如果按照邪道事奉君主，何必要离开自己的祖国呢？”

【原文】

（三）齐景公待孔子曰①：“若季氏，则吾不能；以季孟之间待之②。”曰：“吾老矣，不能用也。”孔子行。

【注释】

①齐景公：名杵（chǔ）臼，齐国国君。②以：用，介词。季孟之间：指介于季氏和孟氏之间的礼遇。

【译文】

齐景公讲到对待孔子的礼貌时说：“要像（鲁君对待）季氏那样（对待他）那我做不到；我将用比季氏低一些，而又比孟氏高一些的礼遇对待他。”（不久，又）说：“我老了，不能用他了。”孔子便离开了齐国。

【原文】

（四）齐人归女乐①，季桓子受之②，三日不朝③，孔子行。

【注释】

①归（kuì）：通“馈”，赠送。女乐（yuè）：女子歌舞队。②季桓子：即季孙斯，鲁国的上卿。是季孙肥（即季康子，谥号“康”）的父亲。③三日：多日。

【译文】

齐国送来了许多歌伎舞女，季桓子接受了，好多天不上朝，孔子便离开了鲁国。

【原文】

（五）楚狂接舆歌而过孔子曰[①]：“凤兮！凤兮！何德之衰[②]？往者不可谏[③]，来者犹可追。已而，已而[④]！今之从政者殆而[⑤]！”孔子下，欲与之言。趋而辟之，不得与之言。

【注释】

①接舆：楚国的一位贤人，为逃避现实而装疯，故说他是狂人。“接舆”并非他的真名。因为他接孔子的车，因此称他为接舆。②凤兮凤兮！何德之衰：古人称凤是一种灵禽，世道清明才出现。接舆用凤比喻孔子，批评他社会如此黑暗，孔子却不去隐居，这是道德衰微了。兮，语气词，多用于诗歌韵文的句末或句中，起舒缓语气的作用，可译为“啊”。③谏：止，挽救。④已而：罢了，算了。已，止。而，语气词。⑤殆：危险。

【译文】

楚国的狂人接舆唱着歌走过孔子的车旁，他唱道：“凤鸟呀！凤鸟呀！你的德行为什么会这样衰微呢？过去了的无法挽回了，未来的还来得及赶上。算了吧！算了吧！现在那些从事政治的人太危险了！”孔子下了车，想和他谈谈。楚狂却赶快避开了，孔子没能和他交谈。

【原文】

（六）长沮、桀溺耦而耕[①]，孔子过之，使子路问津焉[②]。长沮曰：“夫执舆者为谁[③]？”子路曰：“为孔丘。”曰：“是鲁孔丘与[④]？”曰：“是也。”曰：“是知津矣。”问于桀溺。桀溺曰：“子为谁？”曰：“为仲由。”曰：“是鲁孔丘之徒与[⑤]？”对曰：

"然[⑥]。"曰："滔滔者天下皆是也[⑦]，而谁以易之[⑧]？且而与其从辟人之士也[⑨]，岂若从辟世之士哉[⑩]？"耰而不辍[⑪]。子路行以告[⑫]。夫子怃然曰[⑬]："鸟兽不可与同群[⑭]，吾非斯人之徒与而谁与[⑮]？天下有道，丘不与易也[⑯]。"

【注释】

①长沮（jù）、桀溺：两位隐者。真姓名不详。长沮，站在泥沼里的高个子。沮，腐烂植物堆集形成的泥沼。桀溺，浸在水中的大个子。桀，同"杰"，魁梧。耦（ǒu）而耕：用耦耕的方法来耕地。这是古代的一种耕作方法，即两人各执一耜（sì，犁），同耕一尺宽之地（两耜合耕，耕出之地的宽度恰为一尺）。耦，两人并肩耕作叫"耦"。②津：渡口。③执舆者：执辔（pèi，缰绳）于车的人，即拿着缰绳坐在车上的人。也可意译为拿着缰绳驾车的人。④是：这个人。近指代词，作主语。"是知津矣"中的"是"同此。"是也"当"（是）这个人"讲，"是"也是代词，但却作谓语，主语省略。⑤徒：徒党，门徒。⑥然：当"是这样"，"是的"讲。⑦滔滔者天下皆是：洪水弥漫，天下到处都是这样。用滔滔大水比喻礼崩乐坏，社会纷乱。滔滔，大水泛滥的样子。⑧谁以易之：你们和谁来改变它呢。以，用法同"与"。谁，疑问代词，作介词"以"的宾语，前置。易，改变。⑨且：况且。连词，表示进层关系。也可译为"再说"。而：连词，表顺承关系。不译。辟人之士：躲避坏人的人。指孔丘。当时孔丘离开鲁国，周游列国，国君如无道，便不愿合作，离去又另找门路。辟，同"避"。⑩岂若：哪里比得上。若，如。动词。辟世之士：躲避整个污浊社会的人，即隐士。这里是长沮、桀溺指像他们一样的人。⑪耰（yōu）：播下种子后，用土覆盖。辍（chuò）：停止。⑫以告："以之告"的省略。以，介词，译为"把"。之，代词，指代遇长沮、桀溺之事。⑬怃（wǔ）然：怅然失意的样子。⑭鸟兽不可与同群：孔子不愿隐居山林，因此说不与鸟兽同群。与，介词，它的宾语省略。⑮吾非斯人之徒与而谁与：我不跟天下的人在一起，又跟谁在一起呢。斯，这些。徒，徒众，人群。两个"与"都当"跟……在一起"讲，动词。"与"的宾语"斯人之徒"和"谁"前置。⑯与：参与，参加。动词。

【译文】

长沮、桀溺两人并肩耕地，孔子经过那里，叫子路去向他们打听渡口。长沮说："那个驾车的人是谁?"子路说："是孔丘。"长沮又问道："是鲁国的孔丘吗?"子路说："是的。"长沮说："这个人应该知道渡口在哪里。"子路又问桀溺。桀溺说："你是谁?"子路说："我是仲由。"桀溺说："是鲁国孔丘的门徒吗?"子路回答说："是的。"桀溺说："（礼崩乐坏）就像滔滔的洪水泛滥一样，天下到处流的都是，你们同谁去改变它呢？而且，你与其跟从（孔丘那样的）逃避坏人的人，哪里比得上跟（我们这些）逃避整个污浊社会的人呢?"一边说一边不停地耙土覆盖种子。子路回来告诉了孔子。孔子怅然若失地说道："鸟兽，是不能与它们合群的，我不跟天下的人在一起，又跟谁在一起呢？如果天下政治清明，我孔丘也不参与改变它了。"

【原文】

（七）子路从而后①，遇丈人②，以杖荷蓧③。子路问曰："子见夫子乎?"丈人曰："四体不勤④，五谷不分⑤。孰为夫子?"植其杖而芸⑥。子路拱而立⑦。止子路宿，杀鸡为黍而食之⑧，见其二子焉⑨。明日，子路行以告。子曰："隐者也。"使子路反见之⑩。至，则行矣⑪。子路曰："不仕无义⑫。长幼之节不可废也⑬；君臣之义⑭，如之何其废之⑮？欲洁其身⑯，而乱大伦⑰。君子之仕也⑱，行其义也。道之不行⑲，已知之矣。"

【注释】

①后：落在后边。方位名词活用作动词。②丈人：老者。③荷：肩负，挑。蓧（diào）：田里除草用的一种竹制的工具。④四体：指四肢。勤：辛勤，勤劳。⑤五谷：古代五种主要粮食作物。说法不一。一说指稻、菽（shū，豆子）、麦、黍（黄米）、稷（与黍相似，不粘（nián），即糜子。又说"稷"为高粱）另一说有麻无稻。⑥植：插。芸：通"耘"，除草。⑦拱：拱手。古人的一种礼节，表示敬意。⑧为黍：做

黄米饭。黍，粘小米，产量低，故视为珍品。食（sì）之：给他吃，招待他。使动用法。⑨见（xiàn）：使见。使动用法。⑩反：同“返”。⑪则：连词。表示事物出现在先，发现在后。可译为“原来已经”。⑫不仕无义：不走仕途之路是不符合义的。⑬长幼之节不可废也：长辈、幼辈之间的礼节，不能废弃。古人要求长、幼之间要做到“有序”。子路认为他“拱立”丈人，丈人高兴，丈人又“见其二子”，都说明丈人在乎长幼之节。⑭君臣之义：君臣之间的关系。这里指应当出去做官，以尽人臣之义，而不应该做隐者。⑮如之何：固定结构。这里用来表示反诘。可译为“怎么能”。其：句中语气词，加强反问语气。“如之何”已经译为“怎么能”，这里就不再译了。⑯洁其身：使自身洁净。使动用法。⑰乱：这里是破坏，废弃的意思。大伦：最大的伦常关系，即君臣之间的伦常关系。古人认为只有出仕才能体现出君臣之义。⑱之：结构助词，取消句子的独立性，不译。“道之不行”中的“之”同此。⑲道：这里指儒家的政治理想、原则。

【译文】

子路跟随着孔子（周游列国时，有一次）落在了后边，遇见一位老人，用木杖挑着锄草工具。子路问道：“您看见了我的老师吗？”老人说：“四肢不劳动，五谷分不清。谁是你老师呢？”说着便把木杖插在田边去锄草了。子路拱着手恭恭敬敬地站在一旁。老人留子路到他家中过夜，杀了鸡，做了黍米饭给他吃。并且让两个儿子出来相见。第二天，子路赶上了孔子，把这事告诉了他。孔子说：“这是位隐士。”叫子路返回去再见见他。子路到了老人家，老人原来已经走开了。子路说：“不走仕途之路是不符合义的。长幼之间的礼节（他都认为）不能废弃，君臣之间的名分又怎么能废弃呢？只想使自身清白，却破坏了君臣之间的根本伦常关系。君子所以要出仕，为的是实行君臣间的大义呀。至于良好的政治主张实行不通，我们早就知道了。”

【原文】

（八）逸民[①]：伯夷、叔齐、虞仲、夷逸、朱张、柳下惠、少连[②]。子曰："不降其志，不辱其身，伯夷、叔齐与!"谓："柳下惠、少连，降志辱身矣，言中伦[③]，行中虑[④]，其斯而已矣[⑤]。"谓："虞仲、夷逸，隐居放言[⑥]，身中清[⑦]，废中权[⑧]。我则异于是，无可无不可[⑨]。"

【注释】

①逸民：政治上、经济上失去特权，隐退了的人。多为旧贵族。②虞仲、夷逸、朱张、少连：四人身世不详。③言中（zhòng）伦：言语合乎伦理。中，符合，合于。下面几个"中"用法相同。④行中虑：行为合乎理智。虑，思虑，考虑。这里当理智讲。⑤斯：这样，代词。而已矣：句末语气词连用，表限止语气。可译为"罢了"。⑥放言：放肆直言，说话无顾忌。⑦身中清：身心清洁正直。这里的"中"可不译出。⑧废中权：被废弃，合乎权衡之术。⑨无可无不可：没有什么可以，也没有什么不可以。这句的意思是要看形势随机应变。译文用意译。

【译文】

（从古以来）隐逸的名士有：伯夷、叔齐、虞仲、夷逸、朱张、柳下惠、少连。孔子说："不改变降低自己的志气，不辱没自己的身份，这是伯夷、叔齐吧!"又说："柳下惠、少连，被迫改变降低了自己的志气，屈辱了自己的身份，但是他们说话合乎伦理，行动合乎理智，他们就是这样罢了。"又说："虞仲、夷逸，避世隐居，说话无顾忌，自身能保持洁净，离开官位合乎权宜。我却和这些人不同，不一定这样做，也不一定不这样做。"

【原文】

（九）大师挚适齐[①]，亚饭干适楚[②]，三饭缭适蔡，四饭缺适秦，鼓方叔入于河[③]，播鼗武入于汉[④]，少师阳、击磬襄入于海[⑤]。

【注释】

①大（tài）师挚：鲁国太师，名挚。太师为乐官之长。大，后世

写作“太”。适：往，到。这一章记载鲁君身边的乐师都一个一个走开了。反映了当时礼崩乐坏的局面。②亚饭干：第二次吃饭时奏乐的乐师，名叫干。下面的“三饭”、“四饭”意同。古代天子、诸侯吃饭时要奏乐，每顿饭奏乐的乐师不同，故有“亚饭”、“三饭”等之称。③鼓：击鼓。④播：摇。鼗（táo）：即拨浪鼓。两旁系线，线头有小槌。⑤少师：乐官的助手，也即副乐师。磬（qìng）：古代乐器。用玉做成，悬挂于架上，以物击之而鸣。商代只有单一的特磬，周代常用十几个大小有序的编磬。

【译文】

太师挚去了齐国，亚饭乐师干去了楚国，三饭乐师缭去了蔡国，四饭乐师缺去了秦国，打鼓的乐师方叔到了黄河地区，摇鼗鼓的乐师武到了汉水地区，少师阳和击磬的襄到了海滨。

【原文】

（十）周公谓鲁公曰[①]：“君子不施其亲[②]，不使大臣怨乎不以[③]。故旧无大故[④]，则不弃也。无求备于一人[⑤]。”

【注释】

①鲁公：指周公的儿子伯禽。周武王封伯禽于鲁，为鲁国的开国君王。②施（chí）：通“弛”。怠慢。③怨乎不以：对没有被任用而抱怨。乎，介词。用法同“于”，译为“对”。以，用，动词。④无大故：没有重大过错。故，事故，变故。这里指过错。⑤求备：求完全，求完美。

【译文】

周公旦对儿子鲁公伯禽说：“君子不怠慢自己的亲族，不让大臣抱怨自己没被重用。老臣旧友没有大过失，就不要抛弃他们。不要对一个人求全责备。”

【原文】

（十一）周有八士[①]：伯达、伯适[②]、仲突、仲忽、叔夜、叔夏、季随、季騧③。

【注释】

①八士：下面提出的伯达等八人。此八人已不可考。有人见八人以伯、仲、叔、季排列，又是两人一列，便说这是四对孪生兄弟。②适：读kuò。③騧：读guā。

【译文】

周朝有八位著名士人：伯达、伯适、仲突、仲忽、叔夜、叔夏、季随、季騧。

子张第十九

【原文】

（一）子张曰："士见危致命[①]，见得思义，祭思敬，丧思哀，其可已矣。"

【注释】

①致：拿出，献出。

【译文】

子张说："读书人看见危险能够献出性命，遇见有利可得时想到是否合乎义，祭祀时考虑是否恭敬虔诚，服丧时考虑是否悲哀伤痛，这也就可以了。"

【原文】

（二）子张曰："执德不弘[①]，信道不笃[②]，焉能为有？焉能为亡[③]？"

【注释】

①弘：弘扬，光大。②笃：坚定，执著。③焉能为有？焉能为亡（wú）：怎么能算有他，怎么能算没有他。意即可有可无。译文用意译。亡，通"无"。

【译文】

子张说："实行仁德不能发扬光大，信仰道义不能坚定执著，（这样的人）有他怎么能算多？没有他怎么能算少？"

【原文】

（三）子夏之门人问交于子张[①]。子张曰："子夏云何[②]？"对曰："子夏曰：'可者与之[③]，其不可者拒之。'"子张曰："异乎吾所闻：君子尊贤而容众[④]，嘉善而矜不能[⑤]。我之大贤与[⑥]，与人何所不容[⑦]？我之不贤与，人将拒我，如之何其拒人也？"

【注释】

①交：交友之道。②云何：说什么。疑问代词作宾语前置。③可者：可以交往的。者字结构，名词性质。与：相与，交往。④容众：容纳普通的人。容，容纳，接纳。⑤嘉：夸奖，赞美。矜（jīn）：怜惜，同情。⑥与：用在分句末，表停顿，兼有舒缓语气的作用。可不译，也可译为"么"。⑦何所不容：不能容纳人的地方在哪里。也即能容纳下人。表反诘语气。

【译文】

子夏的学生请教子张怎么交朋友。子张说："子夏（对此）说了些什么？"子夏的学生回答说："子夏说：'可以交的就与他交朋友，那不可以交的就拒绝他。'"子张说："我所听到的和这不同：君子既尊敬贤人，又能容纳普通人；既赞美好人，又同情能力不够的人。我是一个大贤人么，对于别人有什么不能容纳的呢？我是一个不贤明的人么，人家将会拒绝和我交往，又怎么谈得上拒绝人呢？"

【原文】

（四）子夏曰："虽小道[①]，必有可观者焉[②]；致远恐泥[③]，是以君子不为也。"

【注释】

①小道：小技艺。②可观者：值得借鉴的地方，可取的地方。焉："于"和"是"的合音兼词。可译为"在它那里"。译文承上句故未译出。③致远：达远，实现远大志向。泥（nì）：陷入，妨碍。名词活用作动词。

【译文】

子夏说："即使是小的技艺，也一定有值得借鉴的地方；但是它对实现远大的事业恐怕是有妨碍的，因此君子不从事这些小技艺。"

【原文】

（五）子夏曰："日知其所亡[①]，月无忘其所能[②]，可谓好学也已矣。"

【注释】

①所亡（wú）：所不知道的东西。亡，通"无"。②所能：所会的东西，所掌握的东西。

【译文】

子夏说："每天应学得一些自己不知道的新知识，每月应温习已经学会的知识，（使自己不至于遗忘）这样可以说是好学了。"

【原文】

（六）子夏曰："博学而笃志[①]，切问而近思[②]仁在其中矣。"

【注释】

①笃志：坚持，坚守志向。②切问：问自己关切的问题。近思：思考身边的问题。即联系自身，联系现实思考。

【译文】

子夏说："广泛地学习，而且能坚守自己的志向，多问自己关切的问题，而且能联系自身，联系现实思考，类推，仁德就在这中间了。"

【原文】

（七）子夏曰："百工居肆以成其事[①]，君子学以致其道[②]。"

【注释】

①百工：各行各业的工匠。这些人开始是奴隶，后来有一部分成为独立的手工业者。肆：古代制造物品的场所。如作坊。②致：获得，掌握。

【译文】

子夏说："各种工匠在作坊里完成他们的工作。君子通过学习来掌握他们追求的道理。"

【原文】

（八）子夏曰："小人之过也必文①。"

【注释】

①文：文饰，掩饰。

【译文】

子夏说："小人犯了过错一定会进行掩饰。"

【原文】

（九）子夏曰："君子有三变：望之俨然①，即之也温②，听其言也厉。"

【注释】

①俨然：恭敬庄重的样子。②即：靠近。

【译文】

子夏说："君子，外在的形貌在别人看来似乎有三种变化：远远地望他，觉得他庄严而不可接近；靠近他才感到温和可亲；可是听他说话却又严厉冷静。"

【原文】

（十）子夏曰："君子信而后劳其民[①]；未信，则以为厉己也[②]。信而后谏；未信，则以为谤己也。"

【注释】

①劳：指役使人民。②厉：虐待，折磨。

【译文】

子夏说："君子要先取得老百姓的信任，而后再去役使他们；没有取得信任就去役使他们，老百姓就会认为是虐待他们。（君子要先）取得君主的信任再去进谏；没有取得信任就去进谏，君主就认为是诽谤自己。"

【原文】

（十一）子夏曰："大德不逾闲[①]，小德出入可也。"

【注释】

①逾（yú）：超越。闲：木栏。这里指界限。

【译文】

子夏说："人在大节上不能超越界限，在小节上有点出入是可以的。"

【原文】

（十二）子游曰："子夏之门人小子，当洒扫应对进退[①]，则可矣，抑末也[②]。本之则无，如之何？"子夏闻之，曰："噫[③]！言游过矣[④]！君子之道，孰先传焉？孰后倦焉[⑤]？譬诸草木，区以别矣[⑥]。君子之道，焉可诬也？有始有卒者，其惟圣人乎！"

【注释】

①当：承当，承担。应对：答应，对答。进退：指出出进进随喊随到做点小事。②抑：不过。连词，表转折关系。③噫：感叹词。可译为“唉”。④言游：即子游。⑤倦：不因为把“本”摆在后面而倦于教诲。⑥譬诸草木，区以别矣：就像草木一样，应当按类区别对待。草木有大小，比喻学问有深浅，应当分门别类，循序渐进，由浅入深，先末后本去学习。诸，“之于”的合音兼词。区，类。以，介词。可译为“按”。“区”是它的宾语，前置。

【译文】

子游说：“子夏的学生们，做一些洒水扫地、迎送宾客和趋进走退一类的事情，那是可以的，不过这只是末节。礼乐等根本的东西却没有学到，这怎么行呢?”子夏听了，说：“咳！子游的话错了！君子追求的道，哪一项先传授，哪一项后教诲，这就像草木一样，应当按类区别对待。君子之道怎么可以随意歪曲（厌末而求本）呢?至于能循序渐进，有始有终教授学生的，大概只有圣人了。”

【原文】

（十三）子夏曰：“仕而优则学，学而优则仕[①]。”

【注释】

①优：指有多余的精力。“仕而优则学”可以帮助其处理好政事。“学而优则仕”可以验证其学的东西是否扎实，有用。

【译文】

子夏说：“做了官办完公事，有余力就应该读读书；完成了学习任务，有余力就可以去做做官。”

【原文】

（十四）子游曰：“丧致乎哀而止[①]。”

【注释】

①致乎哀：表达出悲哀。

【译文】

子游说："服丧只要充分表现出悲哀就可以了。"

【原文】

（十五）子游曰："吾友张也为难能也①，然而未仁。"

【注释】

①张：子张。也：语气助词，用在主语后，表提顿语气，兼有舒缓语气的作用。可不译出，也可译为"么"或"呀"。

【译文】

子游说："我的朋友子张呀，可以说是很难能可贵了。虽如此，但却没有达到仁的境界。"

【原文】

（十六）曾子曰："堂堂乎张也①，难与并为仁矣。"

【注释】

①堂堂：外表美盛有气派。这里是说子张为学只讲外表，不重视内心的道德修养。

【译文】

曾子说："子张表面上很堂皇，但却很难与他一起做到仁的。"

【原文】

（十七）曾子曰："吾闻诸夫子①：人未有自致者也②，必也亲丧乎！"

【注释】

①诸："之于"的合音兼词。②致：尽致，极致。指人的真情完全表露、发泄出来。

【译文】

曾子说："我从老师那里听说过：人在一般情况下不会把自己的真实感情完全表露出来，只有在父母死亡的时候，才一定会尽情发泄。"

【原文】

（十八）曾子曰："吾闻诸夫子：孟庄子之孝也①，其他可能也；其不改父之臣与父之政，是难能也②。"

【注释】

①孟庄子：即仲孙速（名速），鲁国大夫。他的父亲是仲孙蔑，即孟献子。有贤德，故孟庄子用其臣，守其政。②是：这。代词，作主语。

【译文】

曾子说："我从老师那里听说过：孟庄子的行孝，其他方面别人也可以做到，而他不更换父亲的旧臣僚，不改变他父亲的政治路线，这是别人难以做到的。"

【原文】

（十九）孟氏使阳肤为士师①，问于曾子。曾子曰："上失其道，民散久矣。如得其情，则哀矜而勿喜②！"

【注释】

①孟氏：指孟孙氏。鲁国大夫。阳肤：相传是曾子的弟子。士师：司法官。②哀矜（jīn）：哀怜，同情。

【译文】

孟孙氏任命阳肤做司法官。阳肤向曾子请教该怎样做。曾子说："现在在上位的当权者不按正道行事，民心离散已经很久了。你（判案时）若弄清了民众犯罪的真情，就应该怜悯他们，而不要自以为能明察而沾沾自喜。"

【原文】

（二十）子贡曰："纣之不善①，不如是之甚也②。是以君子恶居下流③，天下之恶皆归焉④。"

【注释】

①纣：殷商的最后一位君主，名辛，纣是他的谥号。是历史上有名的暴君，昏君。②之：结构助词，置于谓语"不如是"和补语"甚"之间。可不译出。③下流：即下游。这里指由于干了坏事处于众恶所归的地位。④焉："于是"的合音兼词。

【译文】

子贡说："殷纣王的无道，未必像传说的那么严重。所以君子最忌身有污行（因为一沾上污行），天下的一切坏事恶名都会归在他的头上。"

【原文】

（二十一）子贡曰："君子之过也①，如日月之食焉：过也，人皆见之；更也②，人皆仰之。"

【注释】

①过：犯过错。名词活用作动词。下面的"过"同此。②更：改正。

【译文】

子贡说："君子犯过错，如同日月会蚀一样：他犯错误时，人人都看得见，他改正了错误，人人都敬仰他。”

【原文】

（二十二）卫公孙朝问于子贡曰[①]：“仲尼焉学[②]？”子贡曰：“文、武之道[③]，未坠于地[④]，在人。贤者识其大者，不贤者识其小者。莫不有文、武之道焉。夫子焉不学？而亦何常师之有[⑤]？”

【注释】

①公孙朝：卫国大夫。②仲尼：孔丘的字。焉："于是"的合音兼词，在这句作状语，表处所。可译为从哪里。③文、武：即周文王、周武王。周朝的开国君主，儒家及历代的执政者都公认他们为圣人。④坠于地：落到地上。这里指失传。⑤何常师之有：为什么要有固定的老师呢。

【译文】

卫国大夫公孙朝问子贡说：“仲尼的学问是从哪里学来的？”子贡说：“文王、武王之道并没有失传，仍存在人间。贤人能够抓住它的根本，不贤的人只能了解它的末节。无处没有文王、武王之道。我的老师什么地方不能学习呢？又何必要固定的老师呢？”

【原文】

（二十三）叔孙武叔语大夫于朝曰[①]：“子贡贤于仲尼。”子服景伯以告子贡[②]。子贡曰：“譬之官墙[③]，赐之墙也及肩，窥见室家之好。夫子之墙数仞[④]，不得其门而入，不见宗庙之美，百官之富。得其门者或寡矣。夫子之云，不亦宜乎！”

【注释】

①叔孙武叔：名州仇。鲁国大夫。②子服景伯：名何。鲁国大夫。③官：这里指房舍。④夫子：这里是子贡尊称老师。下一个“夫子”是子贡尊称叔孙武叔。仞（rèn）：古时八尺或七尺为一仞。

【译文】

叔孙武叔在朝廷中对大夫们说："子贡比他的老师仲尼好。"子服景伯把这话告诉了子贡。子贡说："拿围墙作比喻吧，我家的围墙只有肩膀那么高，人可以站在墙外看见房屋的美好。我老师的围墙有好几丈高，如果找不到大门进去，就看不见里面宗庙的富丽堂皇，房舍的绚丽多彩。能找到老师大门的人大概很少吧！叔孙武叔先生那样说，不也是很自然的吗！"

【原文】

（二十四）叔孙武叔毁仲尼。子贡曰："无以为也[①]！仲尼不可毁也。他人之贤者，丘陵也，犹可逾也[②]；仲尼，日月也，无得而逾焉。人虽欲自绝，其何伤于日月乎？多见其不知量也[③]。"

【注释】

①无以为：意思是"不用这么做"。以，此，这么。作状语。②逾（yú）：超越。③多：仅，只。不知量：不自知其分量。

【译文】

叔孙武叔毁谤仲尼。子贡说："不要这么做！仲尼是毁谤不了的。别的人的贤能好比是个小丘陵，还可以翻越过去；仲尼的贤能，就像太阳和月亮，是无法超越的。虽然有人想自绝（于太阳和月亮），可那对太阳和月亮有什么损伤呢？只能表现出这个人的不自量力罢了。"

【原文】

（二十五）陈子禽谓子贡曰[①]："子为恭也，仲尼岂贤于子乎？"子贡曰："君子一言以为知[②]，一言以为不知，言不可不慎也。夫子之不可及也，犹天之不可阶而升也[③]。夫子之得邦家者[④]，所谓立之斯立，道之斯行[⑤]，绥之斯来[⑥]，动之斯和。其生也荣，其死也哀，如之何其可及也？"

【注释】

①陈子禽：姓陈，名亢（gāng），字子禽。有人说他是孔子的学生，有人说不是。从这一章他称孔子为仲尼看，他不像是孔子的学生。②知：同“智”。③阶：阶梯。这里活用作动词，指沿阶梯上爬。④得邦家者：指当上诸侯或卿大夫。邦，诸侯的统治地区。家，卿大夫的统治地区。⑤道：通“导”，引导。⑥绥：安抚。

【译文】

陈子禽对子贡说：“你是谦恭吗，仲尼怎么能比你更贤能呢？”子贡说：“君子说一句话可以表现出他的聪明才智，说一句话也可以表现出他不聪明，所以说话不可不慎重啊。我的老师是没有人赶得上的，就像苍天是不能搭着梯子爬上去一样。我的老师如果能治理一个国家，或者治理一个封邑，那会真如人们所说的，他要求老百姓人人以礼立足于社会，老百姓就会以礼立足于社会；他引导老百姓前进，老百姓就会跟着他走；他安抚老百姓，老百姓就会从四面八方投奔而来；他要发动老百姓，老百姓就会同心协力。老师他生得光荣，死得可哀，我怎么能赶得上他呢？”

尧曰第二十

【原文】

（一）尧曰[1]："咨[2]！尔舜！天之历数在尔躬[3]，允执厥中[4]。四海困穷，天禄永终[5]。"舜亦以命禹。曰："予小子履，敢用玄牡[6]，敢昭告于皇皇后帝[7]：有罪不敢赦。帝臣不蔽，简在帝心[8]。朕躬有罪[9]，无以万方；万方有罪，罪在朕躬。"周有大赉[10]，善人是富。"虽有周亲[11]，不如仁人。百姓有过[12]，在予一人。"谨权量[13]，审法度[14]，修废官，四方之政行焉。兴灭国，继绝世[15]，举逸民[16]，天下之民归心焉。所重：民、食、丧、祭。宽则得众，信则民任焉，敏则有功，公则说[17]。

【注释】

①尧曰：这一章是孔子借谈论古人宣传"君权神授"的观点。文字风格不一，前后不连贯，可能有脱落。②咨（zī）：即"啧"，感叹词，表示赞美。③天之历数：上天安排的帝王相承的次序。古人认为，能做帝王是由天命决定的。在尔躬：在你身上。躬，自身。④允：真诚，诚实。执：坚持。厥：那。指示代词。中：正确的。⑤天禄：上天赐给的禄位。⑥予小子：是上古帝王自称之辞。意思是自己是天帝的儿子。履：是商汤的名字。敢：表敬副词。可不译，也可译为大胆，斗胆。玄牡：黑色的公牛。⑦昭告：明白告诉。皇皇：光明伟大。后帝："后"和"帝"是同义词连用，都是帝王的意思。这里指天帝。⑧简：阅。这里是明白，知晓的意思。⑨朕（zhèn）：我，上古时，执政者和普通人都可用"朕"称自己。从秦始皇起，专用作帝王的自称。⑩赉（lài）：赏赐，赠与。⑪周亲：至亲。（有人说以下四句是周武王封诸侯的誓词）⑫百姓：上古的"百姓"指受封的奴隶主贵族。因为只有这些人才有姓氏。⑬谨权量：谨慎地检验审定度量衡。权，权衡。

即量轻重的标准称。量，量容器的标准斗斛。（“谨权量”以后是孔子说的）⑭法度：指分、寸、尺、丈、引等长度。⑮继：接续，承续。绝世：绝禄的世家，也即卿大夫子弟失去世禄的人家。古时卿大夫的封邑采地，由子孙世世享用，有罪或灭国都会绝禄。⑯举逸民：起用被遗忘的旧贵族中的人才。⑰说：同“悦”。

【译文】

尧（让位给舜时）说：“啧！啧！你这位舜呀！按照上天的安排，帝位已经落在你身上了。你要真诚地坚持正确的方向。如果天下的人都陷入贫困境地，上天赐给你的禄位就永远完结了。”舜（让位给禹的时候）也这样告诫禹。商汤说：“履我大胆地用黑色的公牛来祭祀，明白地向光明伟大的天帝祷告：有罪的人我绝不敢擅自赦免，您的臣仆的善恶，我不敢隐瞒，您的心里是明白的。我本人如果有罪，不要因此牵连天下万方；天下万方如果有罪，应该归在我一人身上。”周朝大加赏赐，分封诸侯，使为善的人都富贵了起来。（周武王说）“即使有同姓至亲，但不如有仁德的人。受封的人如果有过错，都归在我一人身上。”（孔子也常说）谨慎地检验审定度量衡，恢复被废弃了的官职，政令就可以通行四方了。复兴灭亡了的国家，接续断绝了世袭地位的贵族世家，起用没落的被遗忘的旧贵族中的人才，天下的民众就会心悦诚服。执政者所应重视的是：人民、粮食、丧葬、祭祀。执政者宽厚就可以得到人民的拥护，诚恳守信用就会得到人民的信任，勤敏就会取得成功，公平人民就会心悦诚服。

【原文】

（二）子张问于孔子曰：“何如斯可以从政矣①？”子曰：“尊五美，屏四恶②，斯可以从政矣。”子张曰：“何谓五美？”子曰：“君子惠而不费③，劳而不怨④，欲而不贪，泰而不骄⑤，威而不猛。”子张曰：“何谓惠而不费？”子曰：“因民之所利而利之⑥，斯不亦惠而不费乎？择可劳而劳之，又谁怨？欲仁而得仁，又焉贪？君子无众寡[⑦]，无小大，无敢慢，斯不亦泰而不骄乎？君子正其衣冠，尊其瞻视[⑧]，俨然人望而畏之，斯不亦威而不猛乎？”子张曰：“何谓四恶？”子曰：“不教而杀谓之虐；不戒视成谓之暴[⑨]；慢令致期谓之贼[⑩]；犹之与人也[⑪]，出纳之吝谓之有司[⑫]。”

【注释】

①斯：就，才。副词。②屏（bǐng）：摒除，排除。③惠：施恩惠（给人民）。名词活用作动词。④劳：使劳苦。即役使民众。使动用法。⑤泰：庄重矜持。⑥因民之所利而利之：就着人民认为有利之处而使他们在这里获得利。因，就着，借着。介词，表示动作行为发生时借助的条件。⑦无：无论，不管。连词，表示无条件。⑧尊其瞻视：使他的目光尊严。使动用法。瞻、视，这是两个同义动词连用。在这里用作名词，作“目光”讲。⑨不戒视成：不事先告诫，而突然检查看他做成功没有。⑩慢令致期：命令下达很晚，到限期却要求一定完成。慢，慢下达，晚下达。形容词活用作动词。致，到。⑪犹之：同样，一样。与：给予。⑫出纳之吝：出手时吝啬。纳，本为“入”意，在这里只作“出”的衬词，没有意思。有司：管理财务的小官。这里借指“小气”的意思。

【译文】

子张向孔子请教说：“怎么样才能治理好政事？”孔子说：“尊崇五种美德，屏退四种恶政，就可以治理好政事。”子张问：“五种美德是些什么？”孔子说：“在上位的君子，给人民一些恩惠，而自己却不耗费什么；役使民众，而民众却没有怨言；追求仁德，却不贪图财利；庄重矜持却不傲慢；态度威严却不凶猛。”子张问：“什么叫给人民以恩惠，而自己却不耗费呢？”孔子说：“就着人民认为可以获得利益的事，让他们去做，这不就是给人民以恩惠，而自己却不耗费吗？选择人民能做的事，让他们去做，他们还会怨谁呢？自己追求仁德而得到仁，还贪求什么呢？君子不管人是多是少，势力是大是小，都不敢怠慢，这不就是庄重矜持而不傲慢吗？君子使自己衣冠整齐，目光端正、尊严，使人看见便产生敬畏，这不就是态度威严却不凶猛吗？”子张又问：“四种恶政指什么呢？”孔子说：“不事先教化便加杀戮，叫做虐；不事先告诫，而突然检查做成功没有，叫做暴；命令下达很晚，却要求限期完成，叫做贼；同样是给予人的，但在拿出手时却又很吝啬，这就叫做小气。”

【原文】

（三）孔子曰：“不知命，无以为君子也①；不知礼，无以立也②；不知言③，无以知人也。”

【注释】

①无以为：没有用来做君子的条件。也即不能做君子。无以，“无所以”的省略。为：做。后面两个“无以某”结构类此。②立：指立足于社会。③知言：指善于分析别人的言语，辨别它的是非善恶。

【译文】

孔子说：“不懂得天命，就不能做君子；不懂得礼仪，就不能立足于社会；不了解人家的言论，就不能了解这个人。”